Das Buch zur Fernsehserie in der Landesschau Rheinland-Pfalz

Wolfgang Junglas

Landgasthöfe in Rheinland-Pfalz

5. Folge

SOCIETÄTS**VERLAG**

Das Buch „Landgasthöfe in Rheinland-Pfalz" entstand auf der Grundlage der gleichnamigen Fernsehserie der Landesschau Rheinland-Pfalz im SWR-Fernsehen.

© 2008 Frankfurter Societäts-Druckerei GmbH
Alle Rechte vorbehalten • Societäts-Verlag

Layout und Satz: Nicole Proba, Societäts-Verlag
Umschlaggestaltung: Roland Erbe, SWR
Druck und Verarbeitung: KESSLER Druck + Medien GmbH & Co KG
Printed in Germany 2008
ISBN 978-3-7973-1097-2

Inhalt

Bewertungskriterien	7
Vorwort SWR	8
Grußwort Wolfgang Junglas	9
Übersichtskarte	11

Ahr / Westerwald / Rheinland

Prümer Gang in Bad Neuenahr-Ahrweiler	12
Hotel zum Weißen Stein in Kirchen-Katzenbach	18
Restaurant Peter Hilger in Limbach	24
Wirtshaus an der Lahn in Lahnstein	30
Landgasthaus Blücher in Dörscheid	36

Eifel

Gutshof Hotel Arosa in Ochtendung	42
Landgasthof Schröder in Üxheim-Niederehe	48
Landhotel am Wenzelbach in Prüm	54
Landgasthof Michels in Schalkenmehren	60
Gasthaus Herrig in Meckel	66

Mosel / Hunsrück

Harry's Restaurant in Traben-Trarbach	72
Mannebacher Brauhaus in Mannebach	78
Landgasthof Altes Stadttor in Kastellaun	84
Savannah in Abentheuer	90

Rheinhessen

Espenhof in Flonheim-Uffhofen	96
Restaurant Römerhof in Worms-Hochheim	102

Pfalz

Schlosshotel Rockenhausen in Rockenhausen	108
Landgasthof Zum Ochsen in Hauenstein	114
Reuters Holzappel in Pleisweiler-Oberhofen	120
Gasthof Zum Lamm in Neupotz	126

Rezeptverzeichnis	133
Bildnachweis	135

Bewertungskriterien

KÜCHE

 Einfache, deftige Landküche

 Originelle, regionaltypische Gerichte

 Gehobene, kreative Gerichte mit Qualitätsanspruch

 Handwerklich perfekte Regionalküche mit sicherer Kombination der Aromen

AMBIENTE

 Einfache, urige Ausstattung

 Rustikaler, gemütlicher Landgasthof, guter Service

 Originell eingerichteter Landgasthof mit sehr gutem Service

 Auffallend attraktiver Landgasthof mit perfektem Service

WEIN

 Akzeptable Getränkekarte mit kleiner Auswahl

 Gute Getränkeauswahl, verschiedene Rot- und Weißweine

 Umfangreiche Getränkekarte mit größerer Auswahl von Weinen guter Qualität

 Perfekte Getränkekarte mit ungewöhnlich großer Auswahl von Weinen mit gehobener und höchster Qualität

Vorwort

Liebe Leserinnen und Leser, liebe Zuschauerinnen und Zuschauer, liebe Genießerinnen und Genießer,

mit dem Buch „Landgasthöfe in Rheinland-Pfalz" lade ich Sie zu einer kulinarischen Verführung in 20 Gängen ein. Aufgetischt als eine Reise durch das deutsche Weinland und durch ein Land voller Tafelfreuden – Rheinland-Pfalz eben.

Als die Landesschau Rheinland-Pfalz im Jahre 1995 erstmals aufbrach um „Landgasthöfe in Rheinland-Pfalz" zu recherchieren, taten sich die Autoren noch schwer, überall im Land geeignete Häuser zu finden. Das ist längst Vergangenheit. Heute herrscht die Qual der Wahl. Von der urigen Straußwirtschaft bis zum exklusiven Gourmettempel reicht das Angebot. Besonders üppig gedeckt ist der Tisch aber dort, wo regionale Küche, handwerkliches Können am Herd, Freundlichkeit in der Gaststube auf sorgsam gepflegte Weinkeller trifft. Im Landgasthof eben. An diesem Ort der Gastlichkeit spiegeln sich die besten Eigenschaften von Rheinland-Pfalz: Höchste Professionalität gepaart mit großer Herzlichkeit.

Die Reporterinnen und Reporter der Landesschau Rheinland-Pfalz wissen, was ich damit meine. Täglich sind sie im Land unterwegs, berichten aus Politik, Wirtschaft, Zeitgeschehen und natürlich von den Menschen im Südwesten. Daher konnten sie auch unserem Kollegen Wolfgang Junglas so manchen Tipp geben, wo sich abseits der bekannten Routen ein neues kulinarisches Kleinod aufgetan hat. Unser Gastronomieexperte ist natürlich jedem Tipp, jedem Ruf oder Gerücht in seiner sorgfältigen Art nachgegangen. Er ist durchs Land gereist, hat getestet, geprüft und sich dabei wahrlich nicht geschont. Sein in den letzten Monaten gewachsener Leibesumfang lässt hier keinen Zweifel zu.

Ich bin mir sicher, dass Sie, als Freund und Kenner unseres Landes, neue Entdeckungen und so manches Wiedersehen erleben werden. Beneidenswert sind alle die, die auf der Spur der Landgasthöfe die Regionen Eifel, Hunsrück, Westerwald, Taunus und Pfalz erst noch für sich entdecken können. Seien Sie herzlich Willkommen und genießen Sie Rheinland-Pfalz. Ich wünsche Ihnen dabei viel Vergnügen und Guten Appetit

Ihr
Lothar Schol

Redaktionsleiter
Landesschau Rheinland-Pfalz

Grußwort

Liebe Leserinnen und Leser,

zwei Jahre sind seit der letzten Staffel vergangen – die Resonanz war außergewöhnlich. Die Nachfrage nach Landgasthöfen mit guter regionaler Küche ist ungebrochen.

Und dann immer die Frage: Gibt es überhaupt noch weitere empfehlenswerte Häuser? Die Antwort: Natürlich – man muss nur suchen.

Mit diesem Buch empfehle ich weitere 20 Restaurants – seit dem Serienstart 1995 haben wir nun insgesamt 100 Häuser vorgestellt. Viele der ehemaligen Landgasthöfe hätten es verdient, erneut präsentiert zu werden – einige haben ihr Angebot und ihre Räumlichkeiten erweitert. In Absprache mit der Landesschau-Redaktion habe ich mich auf neue Häuser konzentriert – es gibt noch so viele.

In dieser Staffel haben mich drei Landgasthöfe besonders beeindruckt: zum Beispiel der Prümer Hof – junge Leute, die etwas riskieren und ein neues Haus mit hohen Qualitätsstandards aufbauen.

Begeistert haben mich aber auch erfahrene Köche wie Peter Hilger im Westerwald und Manfred Kreger in der Pfalz, bei denen auch nach langen Berufsjahren das Feuer noch brennt und bei denen jeder Gast eine freudige Herausforderung darstellt.

Der Besuch der Landgasthöfe hat mir viel Genuss bereitet. Ich habe engagierte Gastronomen kennengelernt, die jeden Tag ihr Bestes geben, um uns eine Freude zu bereiten. Davor habe ich viel Respekt. Die Rahmenbedingungen für die Gastronomie sind nicht einfacher geworden – viele Gasthäuser müssen kämpfen, um rentabel arbeiten zu können. Trotzdem ist in Rheinland-Pfalz neben den bekannten Sternehäusern die kulinarische Mitte sehr gut besetzt, dafür bin ich dankbar.

Auch in dieser Serie sind sehr unterschiedliche Landgasthöfe vertreten – die Geschmäcker sind ja auch verschieden. Meine Bewertung der einzelnen Häuser ist deshalb nur als meine subjektive Einordnung zu verstehen – Diskussionen darüber sind erlaubt und erwünscht. Ich hoffe, Sie finden viele Anregungen für einen Besuch im Landgasthof.

Wolfgang Junglas

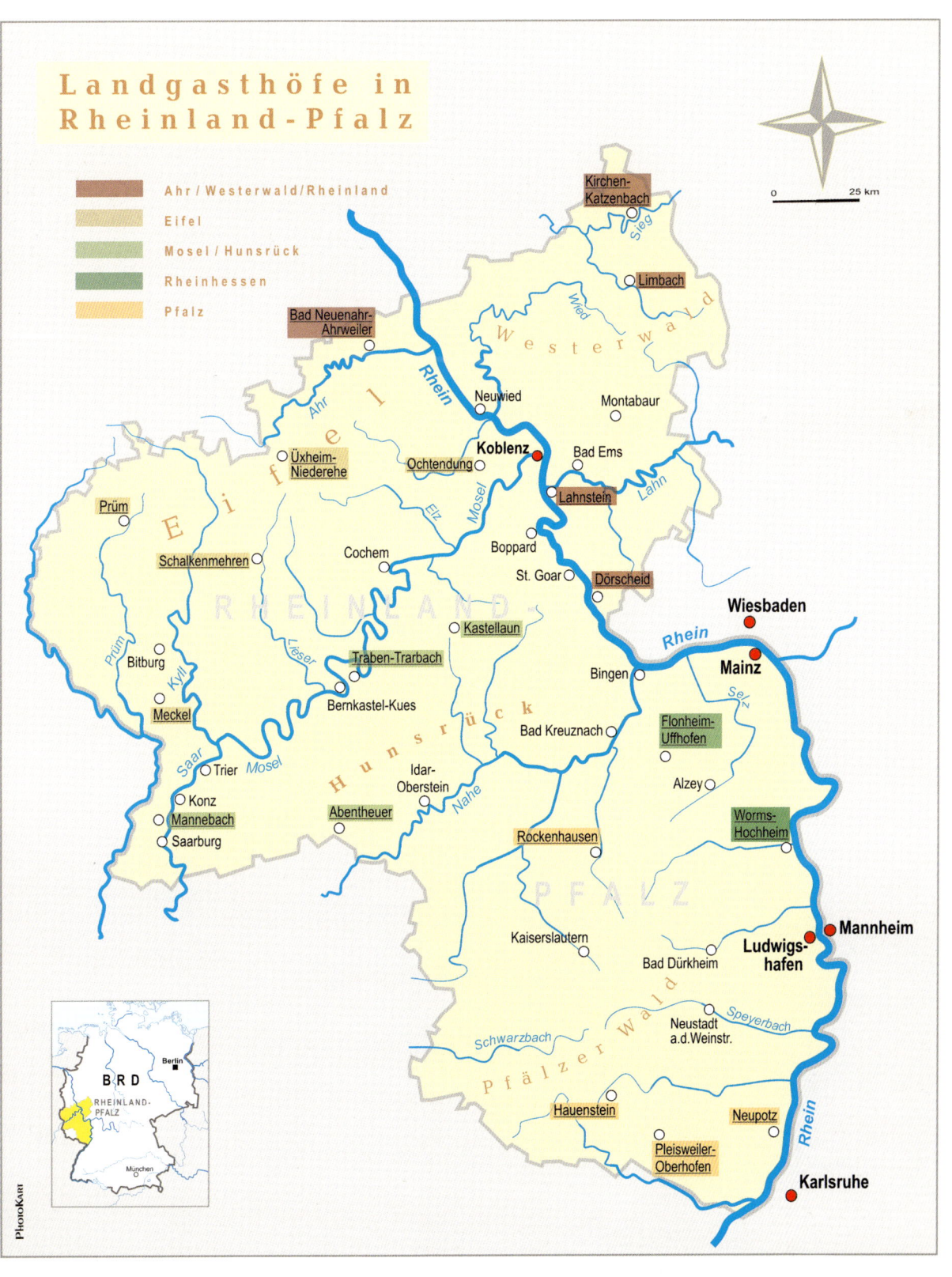

Prümer Gang
in Ahrweiler

Der Charme von Tradition und Moderne

Wie man Moderne und Tradition stilvoll miteinander verbinden kann, zeigen die Geschwister Anja Heuser und Roger Müller in der Fußgängerzone der schönen Ahrweiler Altstadt. In baufälligem Zustand haben sie 2003 das rund 100 Jahre alte Wohn- und Geschäftshaus gekauft. Nach Plänen von Anjas Mann, dem Architekten Arne Heuser, entkernten sie es und bauten es komplett um. 2005 eröffneten sie den eigenen Landgasthof ihrer Träume: Ein modernes ländliches Restaurant hinter historischer Fassade. Roger Müller pflegt hier seine kreative, ländliche Küche – seine Schwester umsorgt die Gäste und arrangiert Restaurant und Hotel geschmackvoll: Tradition und Moderne passen immer gut zusammen, wenn die Qualität stimmt.

Die meisten Gastronomen sind familiär „vorbelastet" – ganz anders beim Ahrweiler Geschwisterpaar. Sie stammen aus einem „pädagogischen" Umfeld: Der Vater Heinz-Peter Müller ist pensionierter Grundschulrektor, Mutter Margit Müller war Erzieherin im Kindergarten. Beide Eltern legten bei ihren Kindern Wert auf eine gute Ausbildung. Die ein Jahr ältere Schwester Anja zog es ins Hotelfach – sie lernte im Maritim in Bonn Hotelkauffrau und arbeitete dann im Kölner Maritim. Vielleicht spielt bei diesem Berufswunsch die Familienbiografie doch eine Rolle: Ihr Großvater mütterlicherseits hatte ein Hotel in Österreich. Roger Müller überlegte erst, ob er Schreiner oder Koch werden sollte. Ein Praktikum in einer Schreinerei brachte die Entscheidung – zugunsten der Küche. Seine Ausbildung absolvierte er im Hotel Hohenzollern an der Ahr. Danach folgte der „Feinschliff": ein Jahr als Geselle im renommierten 2-Sterne-Restaurant Steinheuer in Bad Neuenahr-Heppingen.

Das Berufsziel war den ambitionierten Geschwistern schon

Kontrast zur Fussgängerzone: stiller Brunnen im Innenhof vom Prümer Gang.

immer klar: die gastronomische Selbstständigkeit. Als 1999 das regional bekannte Restaurant „Prümer Hof" am Ahrweiler

13

Marktplatz zur Verpachtung ausgeschrieben wurde, bewarben sich die jungen Leute spontan. „Wir können es ja mal probieren." Ihr Konzept hat die Stadt Ahrweiler, Eigner des Hauses, wohl überzeugt – sie bekamen zu ihrer eigenen Überraschung den Zuschlag. Mit 25 und 26 Jahren wagten Bruder und Schwester mutig den Sprung in die Selbstständigkeit – Roger war noch mitten in der Prüfungsphase für den Betriebswirt an der Hotelfachschule in Marburg. Ihr Konzept war traditionell angelegt und hatte Erfolg. Das eher auf „Putengeschnetzeltes" für Busreisegruppen orientierte Haus entwickelte sich zu einer ansprechenden kulinarischen Adresse mit guten Kritiken in Restaurantführern. Der gelungene Einstieg ins gastronomische Unternehmertum weckte Lust auf mehr: Sie wollten ein Gesamtpaket anbieten – ein eigenes Haus mit Hotel und ansprechender Küche sollte es sein. Die Chance bot sich ihnen schon 2003: Nur wenige hundert Meter von ihrem gepachteten Restaurant entfernt stand das ehemalige Schmuck- und Uhrengeschäft zum Verkauf. „Eine reizvolle Aufgabe – da kann man was draus machen", meinte Architekt Arne Heuser. Mit Hilfe der Eltern erwarben die Geschwister das Haus und verwirklichten ihren Traum von einer qualitätsorientierten Gastronomie. Der kernsanierte Bau wirkt überzeugend durch sein gelungenes Gesamtkonzept: Es gibt historische Zitate wie dunkle Balken an der Decke, aber insgesamt wirkt das Ambiente sehr modern und trotzdem so gemütlich, wie man es an der Ahr erwarten darf. Stilistisch gesehen knüpfen die Geschwister an die Tradition an, entwickeln sie aber gekonnt weiter – eine gelungene Symbiose. Das Hotel im Hinterhaus ist im Stil des ganzen Hauses entworfen – alles wirkt aus einem Guss, auch die Innenarchitektur. Nach Möglichkeit wurden Materialien aus der Region verbaut, zum Beispiel Basalt. In den Zimmern gibt es kleine Erker – typisch für Ahrweiler Häuser. Im Keller, dem ältesten Teil des Gebäudes, haben sie einen kleinen Wellnessbereich eingerichtet. Auf Empfehlung der rheinland-pfälzischen Architektenkammer nahm das Haus am „Tag der Architektur" teil und konnte besichtigt werden. Der Name des Restaurants und das Logo mit dem Mönch haben einen historischen Hintergrund: Das Benediktinerkloster Prüm besaß mitten in Ahrweiler fast eintausend Jahre lang Besitztümer. Alle acht bis neun Jahre schritt der Prümer Abt oder der Hofschultheiß zusammen mit sieben Schöffen und 28 „Hofgeschworenen" den Grenzverlauf des umstrittenen Areals in Ahrweiler ab. Durch diesen „Prümer Gang" erneuerte das Kloster Prüm seine Besitzansprüche.

An diese Tradition erinnert das heutige Restaurant – und ist trotzdem ein moderner Familienbetrieb mit gelebter „rheinischer", oder besser „ahrtaler" Gastlichkeit. Anjas Mutter Margit, gebürtige Österreicherin aus Vorarlberg, und Bianca Link, Lebensgefährtin ihres Bruders Roger, helfen im Betrieb mit. Der etwas zurückhaltende Roger Müller schiebt die ältere Schwester gerne schon mal vor, wenn es um die Außendarstellung und die „Arbeit am Gast" geht. Aber in der Küche ist er ein explosiver, leidenschaftlicher Handwerker. Die zielorientierte Anja setzt hohe Ansprüche an sich selbst – Bruder und Schwester kämpfen hart für ihre eigenen Qualitätsansprüche. Damit erfreuen sie ihre Gäste – touristische Laufkundschaft aus der Fußgängerzone genauso wie Stammkunden aus der Region.

Engagierte Geschwister: Anja Heuser und Roger Müller.

Testnotizen

Anja Heuser trägt schwarz. Sie hat eine pfiffige Kurzhaarfrisur und eine Designerbrille: Ihr Outfit passt zum Ambiente – genauso wie ihre warmherzige, offene Art, mit der sie auf Gäste zugeht. Sie hat für jeden „ein nettes Wort" und bedient die Gäste individuell. Zur Vorspeise wähle ich eine Wachtelbrust auf Tomatenconfit und Frühlingssalaten (13,50 Euro). Ich probiere die auf einem weißen viereckigen Teller angerichtete Wachtelbrust und bin sowohl vom optischen Eindruck, der zarten Konsistenz als auch vom feinen Geschmack sehr angetan. Die Nussvinaigrette passt auch sehr gut dazu. Auf Vorschlag von Anja Heuser probiere ich einen 2007er Riesling (0,1 l 3,80 Euro) vom bekannten Ahr-Rotweingut Meyer-Näkel. Aha, guten Weißwein kann Werner Näkel also auch machen. Zur Hauptspeise gibt es Maischollenfilets auf Spargel mit Dijonsenfsauce und jungen Kartoffeln (19,50 Euro). Ein klassisches Gericht – lecker präsentiert. Der Fisch schmeckt sehr saftig, ist knackig auf der Haut gebraten und dabei zurückhaltend gewürzt. Die weißen und grünen Spargelstangen sind wie die Kartoffeln auf den Punkt gegart. Die Patronin empfiehlt mir wieder einen weißen Wein von der Ahr, das heißt einen weißgekelterten: einen 2007er blanc de noirs Spätburgunder trocken vom Weingut Adeneuer (0,1 l 2,50 Euro). Der Wein mit frisch-fruchtigem Aroma lässt die Scholle „gut schwimmen". Zum Abschluss lasse ich mich mit einem Holunderblütenquarkmousse mit Rhabarberkompott und Mangosorbet (8,00 Euro) verwöhnen. Die Rhabarberstangen hat Roger Müller schonend mariniert und länglich geschnitten. Der junge Koch pflegt einen schnörkellosen Küchenstil, der sich an den Produkten orientiert und sich auf die wesentlichen Aromen konzentriert: ein moderner Klassiker. Anja Heuser kümmert sich um die herausragende Weinkarte, von ihr „Weinbuch" genannt. Die leckeren „Geschichten" mit 11 offenen Weinen (ab 3,80 Euro 0,2 l) und über 150 Flaschenweinen (ab 16,50 Euro) handeln von der Ahr, vielen anderen deutschen Weinanbaugebieten sowie von Italien, Frankreich und Südafrika.

Ausflugtipp

Die Altstadt von Ahrweiler wird geprägt von vielen restaurierten Fachwerkhäusern und vor allem von der vollständig erhaltenen ringförmigen mittelalterlichen Stadtmauer aus dem 13. Jahrhundert. Durch vier Stadttore gelangt man in die nahezu autofreie Stadt: Ahrtor, Niedertor, Obertor und Adenbachtor. Beim Bummeln durch die Niederhut- und Ahrhutstraße bis zum Marktplatz mit der frühgotischen Hallenkirche St. Laurentius (1269) und dem alten Rathaus gewinnt man einen guten Eindruck von der romantischen Stadtanlage. Besonders sehenswert sind das Wolffsche Haus – ein Fachwerkgebäude von 1621 mit einem reich verzierten Erker – und der Blankartshof aus dem Jahre 1680. Außer der romantischen Altstadt lohnen sich in Ahrweiler der Besuch des Klosters Kalvarienberg von 1630, die zum Museum gestaltete Römer-Villa und der Gang durch das Adenbachtor zum Rotweinwanderweg. Von einer kleinen Winzerkapelle in den Weinbergen kann man die Altstadt sehr gut betrachten.

Ahrtal-Tourismus Bad Neuenahr-Ahrweiler e.V.
Hauptstraße 80
53474 Bad Neuenahr-Ahrweiler
Tel.: 0 26 41 / 91 71-0
Fax: 0 26 41 / 91 71-51
E-Mail:
info@ahrtaltourismus.de
www.ahrtaltourismus.de

Prümer Gang

Adresse

Prümer Gang
Anja Heuser und Roger Müller
Niederhutstraße 58
53474 Bad Neuenahr-Ahrweiler
Tel.: 0 26 41 / 47 57
Fax 0 26 41 / 90 12 18
E-Mail: mail@pruemergang.de
www.pruemergang.de

Anfahrt

A 61 Ausfahrt Bad Neuenahr-Ahrweiler /
Beschilderung Ahrweiler folgen,
Parkplatz Niedertor

Preise

Vorspeisen: ab 8,50 €
Suppen: ab 6,50 €
Hauptspeisen: ab 16,50 €
Nachspeisen: ab 6,50 €
Menü: ab 29,00 €

Hotel

12 DZ
DZ ab 110 €
EZ 68 €
Preise incl. Frühstück

Zahlungsmöglichkeit: EC, Visa, Master

Plätze

Restaurant: 40 Plätze
Gesellschaftsraum: 50 Plätze
Außenplätze: Innenhof 20 Plätze

Öffnungszeiten

Di. ab 18 Uhr
Mi. – So. 12 – 14 Uhr / ab 18 Uhr
Mo. Ruhetag

Bewertung:

Zutaten
1 ausgelöste Rehkeule 800 g

Wildfond:
2,5 kg Wildknochen
2 EL Öl
150 g Zwiebeln
60 g Karotten
40 g Knollensellerie
50 g Tomatenmark
300 ml Rotwein
1 Lorbeerblatt
1 Thymianzweig
1 Rosmarinzweig
7 Pimentkörner
10 schwarze Pfefferkörner
10 Wachholderbeeren
1 Gewürznelke

Kruste:
2 EL geröstete und gehackte Walnüsse
4 EL weiche Butter
1 TL grüne Pfefferkörner
8 EL Mie de pain (Weißbrotkrume ohne Rinde)
Salz, Pfeffer

Waldpilzpolenta:
6 EL gemischte gehackte Waldpilze (z.B. Pfifferlinge, Steinpilze, Herbsttrompeten)
1 EL Schalottenwürfel
1 EL Butter
125 ml Milch
125 ml Sahne
125 ml Maisgrieß fein (Polentagrieß)
1 Zweig Rosmarin
Salz & Pfeffer

Zubereitung Rehfond:
Die Knochen fein zerhacken und in einer Kasserolle in dem erhitzten Öl anbraten. Das geputzte, zerkleinerte Gemüse zufügen und 5-8 Min. mitrösten. Das Fett abgießen und das Tomatenmark unterrühren. Nochmals kurz anrösten.

Eifeler Rehkeule mit Pfeffer-Walnusskruste, dazu Waldpilzpolenta und Rosenkohlblätter

Nach und nach den Wein und das Wasser zugießen. Zwischendurch die Flüssigkeit immer wieder einkochen lassen. Die Kräuter und Gewürze sowie nochmals kaltes Wasser (die Knochen müssen bedeckt sein) zugeben und bei milder Hitze 2-2,5 Stunden köcheln lassen. Den Sud durch ein feines Haarsieb oder Tuch passieren, dann entfetten. Entweder im heißen Zustand mit Küchenkrepp aufsaugen oder nach dem Erkalten die erstarrte Fettschicht abnehmen. Zur gewünschten Konsistenz einköcheln lassen.

Zubereitung der Kruste:
Butter schaumig rühren, mit Salz und Pfeffer würzen. Den grünen Pfeffer und die Walnüsse zugeben und das Mie de pain unterziehen. Das Ganze in einer Folie zu einer Rolle formen und kalt stellen.

Zubereitung der Polenta:
Milch und Sahne mit der Hälfte der Butter und dem Rosmarin aufkochen, würzen, dann den Rosmarinzweig herausnehmen. Den Maisgrieß einrieseln lassen. Bei milder Hitze unter ständigem Rühren quellen lassen (ca. 8 min). Zum Schluss die angeschwitzten und abgeschmeckten Pilze zugeben und unterrühren.

Die ausgelöste Rehkeule von Sehnen und Fett befreien und in heißem Butterschmalz rund herum anbraten, aus der Pfanne nehmen und bei 140 Grad 20 Minuten im Backofen weiter garen. Danach die Walnuss-Pfefferkruste in dünne Scheiben schneiden und auf die Rehnuss legen. Dann unter der Oberhitze gratinieren. Bis zum Anrichten in Alufolie ruhen lassen.

Anrichten:
1 Löffel der Waldpilzpolenta in die Mitte setzen, blanchierte und abgeschmeckte Rosenkohlblätter drumherum verteilen und zwei Scheiben der Rehnuss in die Mitte setzen. Den Rehfond angießen und servieren.

Zum Weißen Stein
in Kirchen-Katzenbach

Urlaub im Westerwald

Es war 1968: Der 24-jährige Günter Stähler aus Kirchen im Westerwald fuhr mit dem Zug nach Skandinavien. Kleine Prospekte von seiner Familiengaststätte mit Fremdenzimmern führte er im Gepäck mit. Im Februar hatten Richard zu Sayn-Wittgenstein-Berleburg und Prinzessin Benedikte von Dänemark geheiratet – die Dänen waren plötzlich an Deutschland interessiert. Er sprach mit Reiseveranstaltern, schloss Verträge ab. Jetzt musste er nur noch schnell das angepriesene Gästehaus bauen – es existierte ja vorerst nur als Zeichnung. Der kühne Plan ging auf: Die Hotelzimmer wurden in letzter Minute für die Bustouristen aus Skandinavien fertig – bis in die 80-er Jahre kamen viele Urlauber in den schönen Westerwald und genossen den Blick auf die fast eintausend Jahre alte Freusburg. Günter Stähler baute auch das Restaurant um und kochte kreative Gerichte, wie man sie damals im Westerwald so nicht kannte – und das zu günstigen Preisen. Schon nach einem Jahr musste wegen der großen Nachfrage ein Koch eingestellt werden. Mit innovativer, gehobener Küche und dem 45 Betten Gästehaus hatte der junge Unternehmer die Grundlage für den heute so imposanten Betrieb geschaffen.

Angefangen hat alles vor über 300 Jahren: Gastronomie und Landwirtschaft hat in der Familie Stähler eine lange Tradition. Der älteste Teil des Gebäudes wurde 1663 gebaut. Ursprünglich gab es hier eine „Katenstelle", wo Vieh untergestellt wurde – aus Katenbach wurde dann Katzenbach. Stählers unterhielten hier einen Bauernhof – und eine kleine Kneipe, wo die Bergleute ihren Schnaps tranken. Siegen ist nur ein paar Kilometer entfernt. Im 18. Jahrhundert kam ein Lebensmittelgeschäft dazu. Vorher hieß die Familie Köhler, ab 1880 dann Stähler. Legendär ist Anna Stähler, Ururgroßmutter von Günter. Heute hängen noch schöne Portraits der neunfachen

Rings um das Hotel kann man pure Westerwald-Natur genießen.

Mutter im „Knappenstübchen". Günter Stählers Eltern Willi und Hermine übernahmen den Betrieb in den 30-er Jahren. Willi Stähler fiel im Krieg – Hermine führte den Betrieb bis zur Übergabe an den Sohn. Ein paar Gästezimmer für „Sommerfrischler" aus Düsseldorf gab es damals schon. Günter Stähler sah sich erst in der Welt der Gastronomie um: Nach seiner Ausbildung als Koch und Kellner ging er auf „Wanderschaft" zu verschiedenen Häusern in der Schweiz, Köln und Düsseldorf. Er brachte viele Ideen mit zurück in das 600-Einwohner-Dorf Katzenbach, die er umsetzen wollte. Beim Ski fahren in Mayrhofen lernte der Westerwälder die Tirolerin Leopoldine kennen – und lieben. Nach einem gemeinsamen Urlaub in Italien kam die gelernte Servicekraft nach Deutschland, um sich den Westerwald anzuschauen – und blieb. 1977 haben sie geheiratet, die Töchter Svenja und Miriam arbeiten auch im Hotelfach. Die Familientradition ist gesichert: Svenja wird den Betrieb übernehmen.

Und der steht heute gut da: Der agile Patron baut immer wieder an und um, neue Gebäude kommen dazu. Zuletzt wurde das Restaurant nach seinen Plänen im sonnigen, mediterranen Stil komplett modernisiert. Günter Stähler reist gerne in die weite Welt und bringt viele Ideen mit. Ein Koch aus Thailand arbeitete ein paar Wochen in der Hotelküche und sorgte für asiatische Spezialitäten auf der Speisekarte.

Besonders erfolgreich ist das Familienhotel mit Veranstaltungen und Feiern. Ob Hochzeiten, Geburtstage oder Tagungen: Die großzügige „Schlosshalle" wird oft gebucht. Die Küche vom „Weißen Stein" ist recht kreativ und gibt sich bei Veranstaltungen wirklich große Mühe, ein individuelles Menü zusammenzustellen. Das Team überrascht mit Eisbomben mit speziellen Füllungen, zum Beispiel Lavendel- oder Kürbiskernparfait.

Stählers wissen, dass sie an ihrem Standort besonders viel leisten müssen, um Gäste an ihr Haus zu binden. Deshalb nimmt das Hotel auch an Hochzeitsmessen teil. Das Niveau der Gästezimmer liegt deutlich über dem Standard, den man gemeinhin in Hotels auf dem Lande angeboten bekommt. Gäste aus dem benachbarten Siegen übernachten lieber in Kirchen, zum Beispiel die Rockgruppe Deep Purple, die in der Siegerlandhalle auftrat. Besonders schön und geräumig mit tollem Blick sind die 9 Zimmer im neuen Gästehaus – deshalb auch oft belegt. Günter Stähler hat die Erfahrung gemacht, dass hochwertige Zimmer am ehesten nachgefragt werden. Die Westerwaldidylle wird auch von Sportlern geschätzt: Fußballclubs wie Greuther Fürth buchen das komfortable Hotel für ihr Trainingslager.

Bei aller Offenheit für Neues ist das Haus sehr der Region verbunden: Westerwälder Gerichte und Siegerländer Spezialitäten, zum Beispiel „Siegerländer Kröstchen", haben ihren festen Platz im Angebot. Viele Stammgäste aus der Region freuen sich darüber, ein Haus mit gehobener Qualität vor der Haustür zu haben.

Günter und Leopoldine Stähler (rechts) mit Tochter Svenja, Schwiegersohn Emmanuel Moyer und Enkel Quentin.

Testnotizen

Nachdem mich Günter Stähler im ganzen Haus herumgeführt hat und ich von den Zimmern sehr beeindruckt bin, nehme ich nun im Restaurant Platz. Das Ambiente wirkt nicht mehr ganz taufrisch: „Wird alles neu gemacht: ganz hell, mediterran!", erklärt mir der Patron und zeigt mir die Pläne am Computer. Sieht wirklich gelungen aus und wird im August 2008 sogleich umgesetzt. In der alten Umgebung freue ich mich über Griebenschmalz mit selbst gebackenem Brot vorneweg und genieße die Vorspeise: Holzgegrillte Scampi mit Seranoschinken, einem Spargelbukett (13,50 Euro) und selbst gebackenem Ciabatta-Brot. Zum leckeren Entrée trinke ich einen 2006er Grauburgunder Ihringer Fohrenberg vom badischen Weingut Karl Kahle (18,90 Euro). Um die Weinkarte kümmert sich die Dame des Hauses: Acht offene Positionen von Baden, Mosel, Rheingau, Italien und Frankreich ab 4,50 Euro pro Glas. 26 Flaschenweine ab 16,90 Euro bieten einen guten Querschnitt unterschiedlicher Rebsorten aus Deutschland und Europa. Zur Hauptspeise gibt es ein knuspriges Entenbrustfilet, rosa gebraten an Holundersauce mit Physalis-Orangen-Confit und Kartoffelplätzchen (19,50 Euro). Das Entenfleisch ist wirklich sehr zart (weibliche Barbarieente aus Frankreich), die Sauce lecker, und für mich der eigentliche Clou des Gangs sind die selbst gemachten Kartoffelplätzchen mit Kräutern und Schinken. Dazu gibt es wieder einen Wein aus Ihringen – dieses Mal einen ansprechenden Spätburgunder Baden mit Bittermandelaroma (19,90 Euro). Der süße Abschluss bildet die gut komponierte „Zum weissen Stein" Dessert-Variation mit Lavendelblütenparfait, Johannisbeersorbet & Mousse au Chocolat an Früchtebouquet (7,20 Euro) – das Lavendelblütenparfait und die Hippen haben es mir besonders angetan. Das Team um den verdienten Küchenchef Heinz-Georg Kühltau (seit 25 Jahren im Haus!) pflegt eine ländliche Küche, die neben gehobenen Ansprüchen auch einfache Gerichte wie Flammkuchen sicher beherrscht.

Ausflugtipp

Der Luftkurort Kirchen, schon seit Zeiten auch die „Perle an der Sieg" genannt, besitzt erst seit 2004 die Stadtrechte. Die ursprüngliche Natur bietet sich für verschiedene Außen-Aktivitäten an: Der 11,8 Kilometer lange Radwanderweg von Kirchen über Wehbach und Niederfischbach bis nach Oberasdorf verläuft auf einer ehemaligen Bahntrasse. Familien mit Kindern fühlen sich auf der romantisch gelegenen Strecke genauso wohl wie Wanderer und Inliner. Wer's bequemer mag, lässt sich auf einer Rikscha durch das Tal kutschieren. Sogar 169,8 km lang ist das Gesamtstreckennetz des Nordic Walking Fitness Parks der Verbandsgemeinde Kirchen – es gibt drei Schwierigkeitsgrade. Ein Rundkurs führt zum Weißen Stein: Der Hügel dient als Namensgeber für das Hotel. Besonders sehenswert ist der Druidenstein. Der bizarr geformte Basaltkegel erhebt sich auf 450 m über NN in ca. 20 Meter Höhe. Lava zwängte sich durch die devonische Grauwacke und erstarrte. Vermutlich wurde die auffällige Gesteinsformation als Opferstätte und Richtplatz von den Druiden (keltische Priester) genutzt.

Verbandsgemeinde Kirchen
Lindenstr. 1
57548 Kirchen (Sieg)
Tel.: 0 27 41 / 6 88-0
Fax: 0 27 41 / 6 88-2 55
www.kirchen-sieg.de

Zum Weißen Stein

Adresse

Hotel Zum Weißen Stein
Günter Stähler
Dorfstraße 50
57548 Kirchen-Katzenbach
Tel.: 0 27 41 / 95 95 0
Fax 0 27 41 / 95 95 - 78
E-Mail: hotel@zum-weissen-stein.de
www.zum-weissen-stein.de

Anfahrt

A 45, von Norden Ausfahrt 20 Freudenberg, von Süden Ausfahrt 21 Siegen, dann B 62 folgen.

Preise

Vorspeisen: ab 6,90 €
Suppen: ab 4,00 €
Hauptspeisen: ab 11,50 €
Nachspeisen: ab 4,90 €
Menü: ab 17,00 €

Hotel

DZ ab 89,50 €
EZ ab 66,00 €
40 Zimmer

Zahlungsmöglichkeit: EC, Kreditkarten

Plätze

Restaurant: 60 Plätze
Schlosshalle: 90 Plätze
Panaroma: 35 Plätze
Knappenstübchen: 25 Plätze
Bar: 8 Plätze
Außenplätze: Garten 60

Öffnungszeiten

Tgl. 12 – 14 Uhr
18 – 22 Uhr
Kein Ruhetag

Bewertung:

Zutaten (für 4 Personen)

Schupfnudeln:
250 g mehlig kochende Kartoffeln, gekocht und ausgedämpft
2 Eigelb
50 g Mehl
20 g Kartoffelstärke

Holundersauce:
50 ml Holundersaft
400 ml Kalbsfond
100 ml Portwein
20 g kalte Butter gewürfelt
2 EL geschlagene Sahne

Rosa gebratenes Entenbrüstchen an Holundersauce mit Schupfnudeln

Entenbrust:
4 weibliche Entenbrüstchen à 180 - 200 g
Salz und Pfeffer aus der Mühle
2 Thymianzweige

Zubereitung:

Schupfnudeln:
Die gekochten Kartoffeln mit den restlichen Zutaten zu einem Teig kneten. Längliche Rollen formen, davon etwa nussgroße Stücke abschneiden und zu länglichen Schupfnudeln mit spitz zulaufenden Enden rollen. Anschließend in siedendem Salzwasser garen, bis die Nudeln an der Oberfläche schwimmen, dann abschöpfen und in Butter schwenken.

Holundersauce:
Holundersaft mit Kalbsfond und Portwein einkochen lassen und mit kalten Butterwürfeln leicht binden. Sahne für die Garnitur schlagen und bis zum Anrichten kalt stellen.

Entenbrust:
Entenbrüstchen auf der äußeren Seite leicht einschneiden, mit Salz und Pfeffer würzen und den Thymian in die Einschnitte legen. In Butterschmalz auf der Hautseite 4-5 Minuten heiß anbraten, anschließend wenden und ebenfalls 4-5 Minuten anbraten. Bei 160° Grad weitere 6 Minuten im Backofen garen.

Anrichten:
Entenbrüstchen in feine Tranchen schneiden und auf einem heißen Teller anrichten. Die Holundersauce um das Fleisch nappieren und mit der geschlagenen Sahne Tupfen in die Sauce marmorieren. Schupfnudeln anlegen und mit Thymianzweig garnieren.

Restaurant Peter Hilger
in Limbach

Eine kulinarische Oase im Westerwald

Nur wer seine Profession wahrhaft liebt, kann wirklich Großes leisten – Peter Hilger liebt seinen Beruf offensichtlich leidenschaftlich. Mit leuchtenden Augen steht er vor mir und deutet auf einen großen Hecht und einen frischen Seeteufel. „Schauen Sie sich die einmal an – was man daraus machen kann!" Vor seinem schöpferischen Auge sieht er schon leckere Gerichte – zubereitet mit den beiden Edelfischen. „Im Urlaub fragt er morgens schon ‚Was essen wir denn heute Schönes?'", weiß seine Frau Silvia zu berichten. Sein Hobby ist kochen – er hat es zum Beruf gemacht. Wenn Peter Hilger sich selbst für eine gute Leistung belohnen will, dann grillt er schon mal was für sich und seine Frau auf dem großen Grill im Gastraum. Dabei fing die Leidenschaft ganz harmlos an: Peter ist in Limbach geboren und aufgewachsen – ein sehr idyllischer ländlicher Ort im tiefen Westerwald mit rund 420 Einwohnern. Schon als kleiner Junge hat er gerne gegessen – und sich manchmal selbst darum gekümmert. In der „Kleinen Nister" hat er Fische gefangen und sie selbst hinter dem Haus gegrillt – und seine Freunde gleich mitversorgt. Seine Mutter betrieb eine kleine Pension – in den 50-er und 60-er Jahren verbrachten die Deutschen ihren Jahresurlaub noch auf dem Land. Urlauber blieben 14 Tage im Luftkurort – das halbe Dorf war belegt, es gab 30.000 Übernachtungen im Jahr. Für Peter war klar, dass er nach der Schule Koch lernen würde. Seine Ausbildung absolvierte er in Spangenberg bei Kassel – danach ging er acht Wanderjahre lang in die Schweiz. In der Zeit hat er viel gelernt: mit renommierten europäischen Köchen hat er zusammengearbeitet. Im Palacehotel in St. Moritz arbeitete er sich bis zum Küchenchef hoch. Die Schweiz war ein tragfähiges Sprungbrett für ihn. Als der Westerwälder in Lenzburg im

Der Westerwälder Meisterkoch Peter Hilger in Aktion.

Hotel Krone kochte, lernte er Silvia kennen – sie machte ihre Ausbildung zur Hotelfachfrau. Die Schweizerin stammt aus

Villmergen im Aargau. Eigentlich wollte sie Säuglingsschwester werden – aber weil sie dafür noch zu jung war, ging sie ins Hotelfach und blieb dabei. 1978 kam das Paar zurück nach Deutschland. Die Pension lief noch und Peter und Silvia Hilger haben erst mal viel Geld in den Umbau des Hauses investiert: das Restaurant wurde gebaut, die Pension verkleinert. Die Deutschen hatten mittlerweile das Ausland für ihren Urlaub entdeckt. Das Koch & Kellnerin Paar musste sich erstmal einen Kundenstamm aufbauen – viele der ersten Gäste kommen heute noch zu Hilgers. Zu den Zeiten der „Fresswelle" zeigte Peter, was er gelernt hatte: Er fing virtuos an mit Froschschenkeln, Hummer, Krabben und Schnecken – die sind übrigens heute noch ein Renner. Die Westerwälder fragten verwundert: „Wie – kein Schnitzel auf der Karte?" Aber rasch entwickelte sich Peter Hilger zum Geheimtipp – es gab ja sonst nichts anspruchsvolles in der kulinarisch kargen Region. Für Silvia Hilger waren die ersten Jahre auch nicht ganz einfach im Westerwald. Sie spricht mit hübschem Deutsch-Schweizer Akzent. Jahrelang war sie die einzige Ausländerin in einem Ort, wo früher schon die Einwohner des Nachbarortes als „Fremde" bezeichnet wurden. Manche fanden sie anfangs arrogant, dabei war sie nur zurückhaltend. Im Restaurant kümmert sie sich um den Service und die Dekoration. Die Tische schmückt sie gerne mit frischen Feld- und Wiesenblumen, von der Patronin beim Morgenspaziergang selbst gepflückt. Heute sind die Hilgers etabliert in der Region – Feinschmecker aus dem ganzen Umkreis pilgern zu ihnen nach Limbach. Peter Hilgers feine Küche kommt auch zu seinen Gästen: Mit seinem Catering bekocht er auch schon mal bis zu 500 Personen. Eine besondere Vereinbarung hat der Koch mit einer Firma in Betzdorf: Von Montag bis Donnerstag beliefert er die Firmenkantine. Eine Herausforderung für den Meisterkoch: „Mit 100 Euro kann jeder gut kochen – aber mit einem knappen Budget ist man als Koch gefordert." Kein wirkliches Problem für Peter Hilger: Wenn es ums Kochen geht, gibt er immer alles – das zeichnet ihn aus. Besonders stolz macht ihn, dass sein Sohn Hanspeter Koch gelernt hat – „ohne zu müssen", betont der Vater. Als jüngster Auszubildender hat er auf „Lafers Stromburg" gelernt, in München beim Mandarin Oriental kochte er am Stern mit. Heute arbeitet er im Landgasthof der Eltern seiner Freundin in Erdingen. Der Sohn orientiert sich wie der Vater an der frischen, regionalen Küche. Peter Hilger kauft seine Waren nach Möglichkeit im Westerwald ein. Neben frischen Fischen bereitet er gerne heimisches Wild zu: Pro Jagd-Saison verarbeitet er „mindestens zwei Tonnen Wildschwein-, Hirsch- und Rehfleisch." Trotzdem kommt seine Küche nicht wie ein schwerer Braten daher – er kocht einen leichten, aromen-orientierten modernen Stil in handwerklicher Perfektion. Und das, obwohl er sich als kreativen Koch, und weniger als Handwerker sieht. Man spürt, der Gast ist für den Westerwälder keine Bedrohung, sondern Motivation. Beim Kochen, da blüht Peter Hilger auf, geht ganz aus sich heraus: ein Koch wie aus dem Bilderbuch.

Peter und Silvia Hilger – seit über 30 Jahren verheiratet.

Testnotizen

Ich gebe zu: Diese Testnotizen sind ein einziges Loblied. Auf dem Weg nach Hause nach diesem Essen lag ein seliges Lächeln auf meinem Gesicht: Es gibt sie noch, die gute Regionalküche. Hier die Genuss-Liste: Amuse-Gueule – ein Räucherforellenmousse auf Kartoffelgitter – toll. Dazu Gletscherwein, eine Schweizer Spezialität: 18 Jahre gereift – schmeckt wie ein Sherry (4,00 Euro). Vorspeise: Halbe Avocado gefüllt mit Spargel und super hausgebeiztem Caipirinhalachs, Salatspitzen, Kräuter (Lauchblüte) und gebackene Wachteleier mit Orangendressing (11,75 Euro) – genial. Dazu ein trockener 2006er Chardonnay vom Weingut Wageck-Pfaffmann. Hauptspeise: Surf end turf von gefülltem Kaninchenrücken und gebratene Scampis auf Spitzkohl mit Bärlauchrisotto und Balsamico-Echalotten- und Morchelsauce (19,50 Euro). Peter Hilger kocht spielerisch, baut Gegensätze auf: die erdige Morchelsauce im Duett mit der filigranen Echalottensauce – super. In der zarten Kaninchenroulade findet sich noch eine Niere. Der Gang ist sehr fein komponiert. Dazu ein akzeptabler 2006er St. Joder Dôle Pinot noir aus der Schweiz (8,00 Euro). Dessert: Dreierlei vom Rhabarber (6,50 Euro) – Rhabarber-Sorbet mit gerösteten Mandelbröseln, Crêpe mit Rhabarbermousse – toll. Peter Hilger will, das ich unbedingt ein zweites Dessert probiere: Erdbeer Variationen (7,00 Euro). Erdbeersalat mit Orangen, Amaretti-Mousse (muss Peter Hilger vor sich selbst verstecken), Erdbeerparfait und Champagnerschaum – himmlisch. Dazu probiere ich eine Ortega Auslese 1998 vom Weingut Fürst-Bieser aus Stadecken-Elsheim. Auf der Weinkarte stehen 22 offene und 40 Flaschenweine aus verschiedenen deutschen und europäischen Weingebieten.

Ausflugtipp

Die Region „Kroppacher Schweiz" ist geprägt von den sieben im 17. Jahrhundert aufgestauten Weihern, die auch als Westerwälder Seenplatte bekannt sind. Schwimmen, surfen, rudern, Tretboot fahren und angeln sind einige der zahlreichen Wassersportmöglichkeiten. Interessant für Wanderfreunde ist der 32 km lange „Sieben-Weiher-Weg", welcher an allen 7 Weihern entlangführt. Die Stadt Hachenburg mit ihrem schönen Alten Markt und vielfältigen kulturellen Angeboten gilt als Schmuckkästchen des Westerwaldes. Möchten Sie das Ende der Welt besuchen, so finden Sie im nördlichen Teil der Kroppacher Schweiz den Naturlehrpfad „Weltende" bei Alhausen – ein ganz besonderes Erlebnis.
Der beliebte Westerwald-Steig führt auf 235 km Länge von Herborn im Hessischen Westerwald durch den Hohen Westerwald, den Altenkirchener Westerwald, die Kroppacher Schweiz (durch Limbach), den Naturpark Rhein-Westerwald bis nach Bad Hönningen an den Rhein.

Westerwald-Touristik-Service
Kirchstr. 48 a
56410 Montabaur
Tel.: 0 26 02 / 30 01-0
Fax: 0 26 02 / 30 01-15
E-Mail: info@westerwald.info
Internet: www.westerwald.info

Restaurant Peter Hilger

Adresse

Restaurant Peter Hilger
Peter Hilger
Hardtweg 5
57629 Limbach
Tel.: 0 26 62 / 71 06
Fax 0 26 62 / 93 92 31
E-Mail: restauranthilger@aol.com
www.restaurant-peter-hilger.de

Anfahrt

A 3 Köln – Frankfurt Ausfahrt Dierdorf /
B 413 Richtung Hachenburg / B 414 nach
Limbach

Preise

Vorspeisen: ab 7,80 €
Suppen: ab 4,00 €
Hauptspeisen: ab 13,00 €
Nachspeisen: ab 5,75 €
Menü: ab 25,00 €

Hotel

DZ 51 €
EZ 30 €
3 Zimmer

Preise incl. Frühstück

Zahlungsmöglichkeit: EC, Kreditkarten

Plätze

Restaurant: 70 Plätze (3 Räume)
Außenplätze: Terrasse 30 Plätze

Öffnungszeiten

Mi., Do. ab 18 Uhr
Fr. – So. ab 12 – 14 Uhr
ab 18 Uhr
Mo., Di. Ruhetag

Bewertung:

Westerwälder Zanderkrautwicke auf Leutesdorfer Rieslingsauce mit gebratenen Kartoffel-Blutwurstplätzchen

Für 4 Personen

Zanderfarce:

250 g Zanderfilet
2 ganze Eier
125 g Sahne flüssig
Pfeffer, Salz, Cayenne und Currypulver

Zubereitung:
Alle Zutaten kalt stellen und anschließend zusammen im Mixer pürieren.
Wirsingblätter kurz im kochenden Wasser blanchieren, dann kalt abschrecken.
Wirsingblätter gut abtupfen, mit der Zanderfarce, der man noch feine Gemüsewürfel und gehackten Dill untergerührt hat, auf die Wirsingblätter streichen, in der Mitte mit einem Stück Zander belegen und straff aufrollen.
In gebutterte Alufolie einwickeln und im Wasserbad bei 80 Grad 30 bis 40 Min. pochieren.
In der Zwischenzeit aus den Zanderabfällen eine Sauce mit Weißwein und Sahne herstellen.

Wirtshaus an der Lahn
in Lahnstein

Frau Wirtin hat auch einen Pächter ...

... und der ist auch kein Kostverächter! Dieser Vers trifft auf Harald Lang zu – seine Frau Brigitte und er bereiten im Gasthaus leckere, gehobene ländliche Kost zu. Das „Wirtshaus an der Lahn" gehört sicherlich zu den bekanntesten Restaurants in Deutschland. Entlang der Lahn gibt es wohl um die 20 Häuser mit diesem Namen – aber das Original, worauf sich die berühmt-berüchtigten „Wirtinnen Verse" beziehen, steht zweifellos in Lahnstein an der Lahnmündung. Der markante Turm wurde 1348 als „Eisbreche" bzw. „Landfeste" gebaut. Ab 1565 ist die Nutzung als Zollstation dokumentiert: Soldaten von der Festung Ehrenbreitstein schoben hier Dienst und trieben Zoll ein. Damit Schiffer und Fuhrleute zu einer warmen Mahlzeit einkehren konnten, errichtete der Gastwirt Wilhelm Balthasar Kalkofen 1697 neben dem Turm parallel zur Lahn das eigentliche Wirtshaus. Seitdem dient es ununterbrochen als Gaststätte. Nach seinem Tode betrieb seine Witwe Catharina das Gasthaus bis zum Jahr 1727 alleine weiter. Sie könnte die „Frau Wirtin" aus dem Lied gewesen sein. Die ersten Wirtinnenverse wurden wohl von gelangweilten Soldaten im Turm ersonnen: „Wer hat denn dieses Lied erdacht / Zwei Soldaten auf der Wacht". Zu Beginn gab es nur sechs Strophen – heute sind es an die tausend. Die zotigen Versionen dienen bis heute der Unterhaltung von „Männerrunden". Am 18. Juli 1774 kehrte hoher Besuch im Wirtshaus ein: Johann Wolfgang von Goethe ging mit seinen Begleitern Basedov und Lavater auf der Schifffahrt von Bad Ems nach Koblenz in Lahnstein an Land. Natürlich hinterließ er einen Vers des Wirtinnenliedes und das Gedicht „Geistesgruß" – inspiriert von dem Blick auf die Burg Lahneck. Das Leibgericht des Geheimrates „Ochsenbrust mit Frankfurter grüner Sauce" und die damals servierten „Bohnen mit

Servicekraft Christiane Metzger tranchiert das Lammcarrée.

31

Speck" stehen auch heute noch auf der Karte im Wirtshaus. Nach wechselnden Eigentümern ist das traditionsreiche Haus seit 80 Jahren in Familienbesitz – 2004 übernahm Marianne Czeschlik das leerstehende Haus von ihrem Onkel. Bis 1998 wurde es noch als Sternerestaurant von Pächter Richard Steger geführt – aber die betagten Eigentümer wollten dringend notwendige Investitionen nicht mehr durchführen. Diese Aufgabe übernahmen Marianne und ihr Mann Erich, die das Haus gründlich sanierten. „Ich möchte, dass das Wirtshaus an der Lahn wieder die gute Stube Lahnsteins wird", war Mariannes erklärtes Ziel. Noch während der Renovierungsarbeiten standen Harald und Brigitte Lang, damals Pächter vom „Goldenen Schwanen" in Lahnstein, neugierig in der Tür. „Wir haben immer davon geträumt, wenn wir im Lotto gewinnen, kaufen wir es", meinte der leutselige Harald zu den Eigentümern. „Kaufen geht nicht – über alles andere können wir reden", meinte Marianne Czeschlik dazu. Rasch wurden sie sich einig: Seit der Wiedereröffnung 2005 pachtet das Ehepaar Lang das Wirtshaus. „Wir sind ein tolles Team", schwärmt Harald Lang. Die Pächter kochen und führen das Haus, die engagierten Eigentümer beraten, helfen bei der PR- und Pressearbeit, nutzen ihre Netzwerke und organisieren Veranstaltungen. Marianne, ehemalige Sales-Managerin, und Erich, ehemaliger Direktor der Nassauischen Sparkasse im Rhein-Lahn-Kreis, fallen diese Aufgaben nicht schwer. Über den Küchenstil gab es von Anfang an Einigkeit: keine Sterneküche mehr, sondern eine gehobene ländliche Küche für die anspruchsvollen Gäste und einfache Vespergerichte für Fahrradfahrer und Wanderer, die nur eine Kleinigkeit essen möchten. Für Harald Lang, der vorher eher „gut bürgerlich" kochte, durchaus eine Umstellung, die er bravourös meisterte. Der ursprünglich für eine Diplomatenkarriere vorgesehene Thüringer kam 1981 im Austausch nach Westdeutschland. Seine Frau Brigitte, Sozialpädagogin, lernte er in Aachen auf dem Marktplatz kennen – da war er frisch im Westen. Als Quereinsteiger im Betrieb der Schwiegereltern entdeckte er die Freude an der Gastronomie. Seine Schwiegereltern Marianne und Günter Kazmarek arbeiten auch heute noch mit: Marianne backt Kuchen (von Kirschstreusel bis zu Schwarzwälder Kirsch) und betreut den Garten, Günter baut auf 1.000 Quadratmetern Kräuter und Gemüse für den Landgasthof an. Das Wirtshaus an der Lahn steht heute wieder in alter Pracht da. Die Besitzer haben die Geträume nach Postkarten von 1910 (fast) original eingerichtet. Traditionelles ochsenblutrot und gold-orange sind die dominanten Farben. Die Möbel stammen aus dem Wirtshaus – zum Teil auch aus den Privaträumen. In dem gemütlichen historischen Ambiente kann man über vergangene Jahrhunderte sinnieren. Die „Alte Zollstube" dient heute als Trauzimmer – dort kann man standesamtlich heiraten, am runden Tisch festlich speisen und bei passendem Wetter die angeschlossene Terrasse für einen Sektempfang exklusiv nutzen. Und bei der ein oder anderen Feier werden bestimmt weitere Verse des Wirtinnenliedes dazu getextet. Sehenswert ist auch der Wirtshausgarten: Man sitzt lauschig unter alten Kastanien und blickt auf die Lahn und Burg Lahneck.

Glückliche Pächter: Harald und Brigitte Lang.

Testnotizen

Ich sitze in der historischen Gaststube gegenüber der uralten Theke, deren Front aus einer historischen Türe besteht und bin sehr beeindruckt: Die Eigentümer haben geschmackvoll renoviert. Der Gruß aus der Küche ist ländlich – gut: Frischkäsecreme mit Schnittlauch und frischem Brot. Zur Vorspeise probiere ich Ziegenfrischkäse im Speckmantel mit Salatbouquet, Minzöl und Blütenhonig (8,50 Euro). Dazu trinke ich einen leckeren 2007er feinherben Riesling Bopparder Hamm Gedeonseck (4,20 Euro). Er passt wirklich gut zu dem aromatischen Ziegenkäse und der gelungenen Basilikum-Minze Pesto. „Das Lammcarrée müssen Sie probieren, das ist unsere Hausspezialität – und mein Lieblingsgericht" überzeugt mich der joviale Harald Lang und lacht dabei herzlich. Christina Metzger bringt auf einem Buchenholzbrett das Lammcarée herein. Ich denke zuerst, es ist für zwei Personen – aber es ist eine Portion, die mit Rosmarin-Butterkartoffeln (22,00 Euro) serviert wird. Christina Metzger tranchiert das Carée und richtet den Teller für mich an. Dazu trinke ich ein 2006er Dornfelder Cuvée trocken von Josef Weckbecker von der Terrassenmosel (3,50 Euro) – passt zum saftigen Lamm. Die Weinkarte schreibt Harald Lang selbst mit der Hand – er sucht auch die Weine aus, besucht die Winzer. 22 offene Weine (ab 3,00 Euro) und 25 Flaschenweine von Mittelrhein, Nahe, Rheingau, Mosel, Frankreich, Spanien und Italien stehen auf der Karte. Zum süßen Abschluss erfreue ich mich an einer Weißen Mousse auf dunklem Schokoladenkuchen mit Nougatparfait (7,00 Euro). Das selbst gemachte Eis schmeckt sehr schön „schokoladig".

Ausflugtipp

Im Mittelrheintal gibt es vielfältige Möglichkeiten der Freizeitgestaltung. In der Umgebung von Lahnstein lohnen sich Besuche in Koblenz mit der sehenswerten Altstadt, dem Deutschen Eck und der Festung Ehrenbreitstein, in der Kurstadt Bad Ems und gegenüber von Lahnstein die Besichtigung von Schloss Stolzenfels. In Lahnstein kann man die 1245 erbaute Burg Lahneck von Ostern bis Ende Oktober besuchen. Seit 1952 finden hier jeden Sommer Burgspiele mit Theateraufführungen statt. Steigender Beliebtheit erfreut sich der Rheinsteig Wanderweg. Der Lahnsteiner Teil reicht von Koblenz-Horchheim bis zur Nachbarstadt Braubach – berühmt wegen der Marxburg. Highlights auf dem Streckenabschnitt sind der Aussichtsturm auf dem Lichterkopf mit einem einzigartigen Ausblick und nur wenige Kilometer weiter die Ruppertsklamm. Die wildromantische, steile Bachkulisse bietet – neben einer anspruchsvollen Wegeführung – ein einzigartiges Naturerlebnis.

Tourist Information
Kirchstraße 1
56112 Lahnstein
Tel.: 0 26 21 / 91 41 71 oder 91 41 72
Fax: 0 26 21 / 91 43 40
Email: touristinformation@lahnstein.de
www.lahnstein.de

Wirtshaus an der Lahn

Adresse

Wirtshaus an der Lahn
Harald Lang
Lahnstraße 8
56112 Lahnstein
Tel.: 0 26 21 / 78 49
E-Mail: kontakt@wirtshaus-an-der-lahn.info
www.wirtshaus-an-der-lahn.info

Anfahrt

A 48 Trier – Koblenz / Ausfahrt Bendorf / B 42 bis Lahnstein / über Lahnbrücke rechts - Parken am Ufer

Preise

Vorspeisen: ab 5,50 €
Suppen: ab 5,00 €
Hauptspeisen: ab 12,00 €
Nachspeisen: ab 5,50 €
Menü: ab 23,00 €

Romantikmenü 42,00 € incl. Aperitif und Wasser

Zahlungsmöglichkeit: EC, Kreditkarten

Hotel

Keine Gästezimmer

Plätze

Gaststube: 32 Plätze
Goethe-Zimmer: 8 Plätze
Zollstube: 16 Plätze
Außenplätze:
Gartenterrasse: 60 Plätze
Zollstubenterrasse: 16 Plätze

Öffnungszeiten

Sa., So., Feiertag ab 11 Uhr
Sommer: Di. – Fr. ab 11 Uhr
Winter: Di. – Fr. ab 17.30 Uhr
Mo. Ruhetag

Bewertung:

Für 4 Personen

2 Lammkarrees pro Stück ca. 500 g (vom Metzger zuschneiden lassen)
je 1 Bund Rosmarin
Thymian
Salbei
Salz, Pfeffer
Butterschmalz
Olivenöl und etwas Butter zum Bestreichen
1 Holzbrett ca. 20 cm x 20 cm, mindestens 3 cm dick aus Hartholz (am besten Buche). Das Holz muss gut gelagert sein! Kein Leimholz verwenden!

Lammkarree mit frischen Kräutern, auf dem Buchenholzbrett gegart

Zubereitung:

Die Lammkarrees von allen Seiten im heißen Butterschmalz kurz anbraten, pfeffern und salzen.
Die Kräuter zur Hälfte auf dem Holzbrett verteilen, die Lammkarrees darauf legen und mit etwas Olivenöl und zerlassener Butter bestreichen. Mit den restlichen Kräutern das Fleisch abdecken und für ca. 30 Minuten in den auf 180° C vorgeheizten Backofen geben.

Bereits nach wenigen Minuten entwickelt sich ein verführerischer Duft, der aus dem Zusammenspiel von Kräutern, Buchenholz und gebratenem Fleisch entsteht.
Die Karrees nun aus dem Ofen nehmen und auf dem Buchenholzbrett etwas ruhen lassen. Anschließend aufschneiden und auf heißen Tellern anrichten.
Dazu passen Speckböhnchen und Bratkartoffeln.

Anmerkung:

Das Brett nach Gebrauch nur mit heißem Wasser gut abspülen und säubern. Kein Spülmittel verwenden!
Bei häufigerem Gebrauch nimmt das Holzbrett immer intensiver die Aromen von Fleisch und Kräutern an und dementsprechend verbessert sich auch das Ergebnis.

Landgasthaus Blücher
in Dörscheid

Vorwärts! Auf Blüchers Spuren

Von Neuwied bis Mannheim sammelte sich im Dezember 1813 die schlesische Armee unter „Marshall Vorwärts" Blücher und überschritt in der Silvesternacht 1813 den Rhein bei Kaub, um nach Frankreich zu marschieren. Das linksrheinische Gebiet sollte von Napoleons Besatzung befreit werden. Zu Ehren des Angriffslustigen Feldmarshalls steht heute in Kaub, am Rhein das Blücher-Denkmal. Folgt man der geschlängelten Straße am Denkmal vorbei durch den Wald hoch auf den Taunus, erreicht man freies Feld – vielleicht haben dort Blüchers Soldaten gelagert. Grund genug jedenfalls für die Familie Fetz in dem Dorf Dörscheid ihr Landgasthaus hier oben „Blücher" zu nennen. 1813 war die Verpflegung garantiert nicht so gut wie der ländliche Küchenschmaus, der den müden Wanderer heute erwartet. Ernst-Ludwig und Inge Fetz begründeten das Landgasthaus: Zuerst als Dorfkneipe mit etwas Weinbau dabei. Weil es auf dem Dorf keinen Raum mehr zum Feiern gab, bauten sie in den 50-er Jahren einen Saal dazu. 1959 wurde aus der Kneipe ein richtiges Gasthaus mit Fremdenzimmern und Etagenbad. Auch abseits des großen Tourismusstroms durch das Rheintal fanden die Gäste immer ihren Weg nach oben. 1976 baute die Familie Fetz ihr Weingut gleich neben dran dazu. Drei Söhne und eine Tochter zogen Ernst-Ludwig und Inge groß – die drei Jungs blieben der Gastronomie treu. Ludger Fetz betreibt in Oberstdorf das kleine (8 Zimmer!) 4-Sterne-Hotel Landhaus Freiberg. Heinz-Uwe kümmert sich um das Weingut und die Destillerie – frische Mittelrheinrieslinge und knackige Obst- und Tresterbrände sind seine Spezialität. Der Vater besaß schon das Brennrecht. Die Edelbrände wurden schon vielfach ausgezeichnet. 4 Hektar Steillagen am Rhein in den Lagen „Kauber Backofen" und „Dörrscheider Wolfsnack" bearbeitet die Familie Fetz. Heinz-Uwes Ehefrau Andrea hält zudem Pferde und Alpakas – wegen der Wolle. Das Landgasthaus führt der jüngste

Das Blücher-Denkmal in Kaub am Rhein.

der Brüder – Marcus. Im renommierten historischen Hotel Krone in Assmannshausen hat er Koch gelernt. Er hatte gerade die Ausbildung abgeschlossen, als er zu Hause dringend gebraucht wurde: Sein Vater wurde 1992 bei einem schweren Jagdunfall angeschossen. Ein paar Jahre fiel er im Betrieb aus. Der junge Marcus, gerade mal 18 Jahre alt, musste nun mit seiner Mutter den Laden „schmeissen". Nicht ganz einfach für den Jungkoch: Er hatte gelernt wie man Hummer zubereitet, aber nicht wie man ein Hirschgulasch kocht. Kurz vorher hatte Marcus seine Nadja kennengelernt, Reiseverkehrskauffrau aus Nochern an der Loreley. Die schwierige Situation bindet die beiden gleich ganz eng aneinander. Nadja wollte nie Langeweile haben in ihrem Beruf – sie sattelt um zur Hotelfachfrau. Sie wollte es richtig professionell lernen und stieg gleich hoch ein: Ihre Ausbildung absolvierte sie in dem renommierten Haus Schweizer Stuben. 1999 heiraten die beiden und stürzen sich mit Elan in den Ausbau des Landgasthauses: Sie bauen die ehemalige Scheune zum Gästehaus um mit sieben Doppelzimmern. 2001 stirbt Marcus Mutter – wieder ein schwerer Schlag für das junge Paar, den sie aber gut verarbeiten. Sohn Laurenz wird 2003 geboren, für 2009 kündigt sich weiterer Nachwuchs an. Die Krisenjahre haben der sympathische Marcus mit dem Ohrstecker und die freundliche Nadja gut überstanden – mittlerweile arbeiten 25 Mitarbeiter im Haus. „Das Wachstum hätte auch ein bisschen langsamer gehen können", stöhnen die beiden manchmal. Die Einstellung des Personals zum Haus ist den Chefs sehr wichtig – gemeinsam besuchen sie Motivationsseminare und begreifen sich als Team. „Mit meinem Küchenchef Paul Korn bin ich auch befreundet", sagt Marcus Fetz. Auf dem Dach des Weltkulturerbes Mittelrheintal wandern Individual-Touristen auf dem Rheinsteig, genießen den Weitblick und kehren im Landgasthaus ein. Businessgäste und Feinschmecker sind genauso willkommen und fühlen sich wohl wie Wanderreiter. Das Haus liegt am Reiterpfad der „blauen Blume" – ab und an steht draußen ein Pferd angebunden vor der Tür.

80 % der Besucher sind Stammgäste – das „Blücher" wird gerne per Mundpropaganda empfohlen. Sehr beliebt ist auch der Rheinsteig. Die Gäste wandern von Dörscheid 16 Kilometer bis zur Loreley, kommen dann mit dem Schiff oder der Bahn zurück nach Kaub. Mitarbeiter des Landgasthauses holen sie dann wieder ab und fahren sie den Berg hoch. „Freizeit – wie schreibt man das?", sagt Nadja Fetz, die sich aber immer wieder freie Zeit für ihre Kinder nimmt. Das sympathische Gastronomenpaar wandert manchmal in der freien Natur oder geht bei Kollegen der „Tafelrunde" essen. In dieser Vereinigung engagieren sie sich auch – beim Austausch mit anderen Landgasthofbetreibern lernen sie voneinander. Man spürt: Marcus und Nadja Fetz sind noch jung, haben noch viel vor. 2008 haben sie wieder groß umgebaut: neue Küche, ein Verbindungshaus mit Gästezimmern zur Scheune, selbst der Saal wurde renoviert. Vorwärts lautet die Devise. Feldmarshall Blücher hätte seine Freude an ihnen.

Marcus und Nadja Fetz mit Sohn Laurenz und Ernst-Ludwig Fetz.

Testnotizen

Ich könnte mich draußen auf die Terrasse in die Sonne setzen und den Blick genießen – aber ich habe mich für den Holztisch vor der Theke entschieden – einen schönen Blick hat man hier auch. Einen Gruß aus der Küche gibt's immer, zum Beispiel eine kalte Scheibe Rinderschmorbraten mit leckerem Sahnemeerrettich – das passt zur ländlich-guten Küche. Die sehr freundliche Bedienung trägt Dirndl im Landhausstil in rot oder schwarz – das passt hier hin, wirkt nicht aufgesetzt. Zur Vorspeise probiere ich Frühlingsrollen mit Hirschfleisch und süß-saurem Bambus-Sprossen-Salat (8,50 Euro). Dazu probiere ich einen 2006er Riesling Classic vom Weingut Fetz (3,40 Euro – 0,25 l). Ländlich rustikal – und lecker geht's weiter mit dem Hauptgang: Rosa gebratener Wildschweinrücken unter der Bärlauchkruste mit Rosmarinkartoffeln und grünem Spargel (18,50 Euro). Das zart gebratene Fleisch mit toller Kruste, die knackigen Kartoffeln: alles einfach – aber gut, nicht unnötig überkandidelt. Zum Nachtisch probiere ich ein Riesling-Sekt Sabayon (4,50 Euro) mit Vanilleeis – sehr klar und einfach komponiert, schmeckt mir sehr gut. Empfehlenswert übrigens auch der Blücherkuchen: Apfelkuchen mit Blücherbrand (Apfelbrand). Auf der Weinkarte stehen fast nur Weine vom Weingut Fetz: Riesling, Weißburgunder, Müller-Thurgau und Spätburgunder. Aber auch Tropfen der Weingüter Praß / Bacharach und Goldatzel / Johannisberg sind vertreten. Offene Weine gibt es ab 2,50 Euro, Flaschenweine ab 9,50 Euro. Ach ja: Und natürlich zwei Seiten mit Fetz Bränden. Ganz ansprechend mit feiner Frucht fand ich den Fetz Riesling Sekt, empfehlenswert auch der Aperitif „Let's Fetz" Pfirsich und Grapefruit mit Sekt (4,70 Euro).

Ausflugtipp

Ein touristisches Highlight am Mittelrhein ist zweifellos die Rheinpfalz bei Kaub. 1327 begann der Bau der Pfalzgrafenstein mitten im Rhein auf einem Felsen. Am Anfang beschränkte sich die Anlage auf den sechsgeschossigen, fünfeckigen Turm zur Sicherung der Zolleinnahmen. Diese guten Einnahmen weckten Begehrlichkeiten, es kam zu Protesten des Papstes und des Erzbischofs. Vorsorglich baute man die Pfalz mit einer zwölf Meter hohen sechseckigen Ringmauer mit zwei Wehrgängen aus. Bis 1876 blieb Pfalzgrafenstein Zollstation. Die Pfalz kann man ganz leicht mit dem Fährboot erreichen – ein Besuch lohnt sich. Eine Wendeltreppe führt ins Obergeschoss mit herrlichem Blick auf das Rheintal aus ungewöhnlicher Perspektive. Ein historisches Kleinod ist das Blüchermuseum in Kaub. Ein Muss ist auch die Wanderung auf dem Rheinsteig auf der Königsetappe bis zur Loreley. Der schöne Blick belohnt die Anstrengung. Zurück nach Kaub kann man bequem mit dem Schiff fahren.

Rhein-Touristik „Im Tal der Loreley" e.V.
Bahnhofstraße 8
56346 St. Goarshausen
Tel.: 0 67 71 / 9 10 20
Fax: 0 67 71 / 9 10 19
E-Mail: info@tal-der-loreley.de
www.tal-der-loreley.de

Landgasthaus Blücher

Adresse

Landgasthaus Blücher
Familie Fetz
Oberstraße 19
56348 Dörscheid
Tel.: 0 67 74 / 2 67
Fax 0 67 74 / 82 19
E-Mail: Landgasthaus_Bluecher@t-online.de
www.Landgasthaus-Bluecher.de

Anfahrt

B 42 Koblenz – Wiesbaden bis Kaub, in Kaub Beschilderung Richtung Dörscheid folgen, Ortsmitte links

Preise

Vorspeisen: ab 4,50 €
Suppen: ab 4,50 €
Hauptspeisen: ab 11,50 €
Nachspeisen: ab 4,50 €
Menü: ab 25,00 €

Hotel

Landhaus DZ 65 bis 75 €
EZ 45 bis 49 €
Komfort DZ 76 bis 87 €
EZ 50 bis 56 €
Komfort-Plus DZ 80 bis 89 €
EZ 52 bis 60 €
Lebens-Art DZ 85 bis 95 €
EZ 54 bis 62 €
Preise incl. Frühstück

Zahlungsmöglichkeit: EC

Plätze

Schankraum: 20 Plätze
Wintergarten: 35 Plätze
Saal: 80 Personen
Außenplätze: Terrasse 40 Plätze

Öffnungszeiten

Di. Mai – Okt. ab 16 Uhr
Tgl. ab dem Frühstück geöffnet
Ruhetag Di. (Nov. – April)

Bewertung:

Zutaten für 1 Liter Suppe:

1 kg klein gehackte Wildknochen (von Reh, Hirsch und Wildschwein) in einem Bräter mit heißem Fett von allen Seiten kräftig anbraten.

3 Zwiebeln und
4 Karotten schälen, in Würfel schneiden und mit
3 Wacholderbeeren
3 Nelken
3 Lorbeerblättern
Thymian
Majoran
1 Prise Salz und
1–2 EL Tomatenmark zu den Knochen geben und ebenfalls gut anrösten.

Wildsuppe „Landgasthaus Blücher"

0,5 l Rotwein zugeben und mit Wasser weiter auffüllen, bis die Knochen völlig bedeckt sind.

2 Stunden leicht kochen lassen. Nun die Suppe durch ein Sieb (falls vorhanden durch ein Passiertuch) in einen neuen Topf umfüllen und bei geringer Hitze weiterkochen lassen.

2 EL Mehl mit etwas Rotwein glattrühren und damit die Suppe binden.
Abschmecken mit Salz, Pfeffer, Worcestersauce, Wildgewürz sowie Preiselbeeren, Fetz Weinbrand und Sahne.

Zum Servieren in Suppentassen umfüllen und mit geschlagener Sahne verzieren.

Gutshof Hotel Arosa

Vom Feinschmecker-Treff zum Landgasthof

„Gut ok, wir haben einen Schnitt gemacht, wir kochen jetzt unsere Linie, eine ländlich-regionale, aber feine Küche", so beschreibt Ralf Leiendecker mit klaren Sätzen das neue kulinarische Profil vom Arosa. Während der „Fresswelle" in den 80-er und 90-er wurde hier hohe Koch-Kunst für Gourmets zelebriert – heute kochen die Leiendeckers die von ihren Gästen gewünschte und im Trend liegende verfeinerte Regionalküche. Ralfs Eltern Willi und Renate haben in der eher kargen Osteifel von den 60-er bis in die 90-er Jahre Maßstäbe für die gehobene Küche gesetzt. Zuerst hatten sie das Hotel Ohligschläger, gegenüber von dem heutigen Gutshotel, gepachtet. Das Arosa war damals ein Bauernhof, genannt „Rittels Haus". Der betagte Besitzer kam jeden Tag zu Leiendeckers zum Essen und räumte ihnen ein Vorkaufsrecht ein – es muss ihm wohl gut geschmeckt haben. Als der Eigentümer 1967 starb, lösten Willi und Renate ihr Vorkaufsrecht ein und bauten den Bauernhof aus dem Jahre 1849 um: Aus dem Schweinestall wurde das heutige Kaminzimmer. Mit dem neuen Haus änderte sich auch die Karte: Im „Ohligschläger" hatte Willi Leiendecker das damals Übliche wie Strammer Max oder Russische Eier zubereitet. Gerichte, wie er sie während seiner Ausbildung im Seehotel Maria Laach gelernt hatte. Er und seine Frau waren im Urlaub häufiger in der Schweiz und mochten die Küche dort. Deshalb nannten sie ihr Restaurant auch „Arosa", nach dem bekannten Schweizer Urlaubsort in Graubünden. Die neue Speisekarte klang nach Urlaubserinnerungen: Zürcher Geschnetzeltes und Berner Rösti. Donnerstags gab es immer einen Themenabend mit, für damalige Verhältnisse, wirklich exotischen Gerichten: Javanische Reistafel mit vielen Reisschälchen und Entenbrust süß-sauer. Das Motto im Arosa lautete damals (wie heute): „Schlemme und verweile". So

Im geschützten Innenhof kann man auch draußen essen.

hieß es bald „Wir fahren zum Feinschmecker Willi" bei den Gästen aus dem Köln-Bonner Raum und dem Rhein-Main-Gebiet. 1994 stieg Ralfs älterer Bruder Thomas mit seiner Frau Christel in das Schlemmerlokal mit ein. Seine Erfahrungen als

Koch hatte sich Thomas bei ersten Adressen in Deutschland erworben: Dieter Müller, Eckart Witzigmann und das Landhaus Scherrer gehörten dazu. Die Küchenleistung wurde noch anspruchsvoller, es lief auch ganz gut – aber nach zwei Jahren zog es Thomas mit seiner dänischen Frau nach Dänemark. Die Marmeladen aus seiner Marmeladen-Manufaktur kann man im Restaurant kaufen.

1998 übernehmen Ralf und seine Frau Sabine den Betrieb von Ralfs Eltern. Der 1967 geborene jüngere Sohn hatte sich erst für das Konditorei- und Bäckerhandwerk begeistert. Im renommierten Koblenzer Café Puth lernte er Konditor – anschließend absolvierte er zusätzlich eine Bäckerlehre. Folgerichtig arbeitete er in der Patisserie im Landhaus Scherrer, in Fuschl in Österreich und in Salzburg. Über seinen Bruder bekam er Kontakt zur europäischen Patisserie – Ikone Gaston Lenôtre und arbeitete für ihn in Paris und anschließend bei Lenôtre in Hamburg. Zurück im Arosa war er zuerst für das eigene Brot, die Hippen und die Patisserie zuständig. Die gelernte Hauswirtschafterin Sabine lernte er 1995 kennen – ein Jahr später haben sie geheiratet, 1997 wurde Tochter Hannah geboren. „Er ist Koch aus Leidenschaft", sagt Sabine über ihren Mann. „Der Bruder hat anders gekocht, wir wollen jetzt, dass sich der Gourmet und Kunde aus dem Dorf gleichermaßen wohl fühlen", sagt Ralf. Deshalb haben sie im vorderen Teil vom Restaurant eine Gutsschänke eingerichtet: eine kleine Karte mit Angeboten für einheimische Gäste, zum Beispiel Lachs mit Reibekuchen oder Toastgerichte. Schwellenängste wollen Leiendeckers so abbauen. Vereine aus der Umgebung nutzen den Raum gerne. Für ältere Leute aus dem Ort gibt es ein besonderes Angebot: ein täglich wechselndes einfaches Stammessen für ganze 5,50 Euro. Ralf und Sabine können heute im Arosa ihre Ideen so umsetzen wie sie wollen. Das von manchen zwar als gemütlich, aber als etwas zu dunkel empfundene Restaurant dekorieren sie jetzt luftiger. Die Vorhänge hat sie weggenommen – warme, ländliche Farben und Holz spielen aber weiter eine Rolle. „Weiße Hussen über Stühlen wird es bei uns nicht geben – der Gutshof bleibt ländlich", erklärt mir Sabine Leiendecker. Ralf ist in der Küche aktiv und bietet auch Kochkurse an. Er verfolgt einen klaren Stil und bemüht sich um biologisch angebaute frische Produkte in der Region. Im Hof vom Gutshotel Arosa gibt es nun einen Hofladen, in dem frisches Obst und Gemüse in „Bio-Qualität" angeboten werden. „BioKulinar" nennt Ralf Leiendecker seinen kreativen „BioCatering" Service. Der Koch kommt seinen Gästen entgegen: Am beliebten Maifelder Radwanderweg hat er am Alten Bahnhof in Ochtendung einen Radlertreff eingerichtet. Neben Getränken bietet er kleine Snacks und Flammkuchen an. So mancher Radler findet so seinen Weg ins Arosa – zum „schlemmen und verweilen".

Sabine und Ralf Leiendecker führen das „Arosa" seit 1998.

Testnotizen

Bei meinem Besuch im Arosa scheint die Sonne – also setze ich mich in den Hof zum Essen. Ich erfreue mich an dem Amuse-Gueule: Terrine von der Eifelpoularde mit grünen und weißen Spargeln. Zur Vorspeise gibt es eine leckere geräucherte Hähnchenbrust (aus dem Périgord) mit einem beeindruckenden farbenfrohen Salat (9,00 Euro): Die grüne Pracht mit Namen wie „fette Henne", Pimpernelle, Sauerampfer und die Stiefmütterchenblüte hat Ralf Leiendecker von „Essbare Landschaften" bekommen – eine willkommene Abwechslung zum Salat-Einerlei. Ich trinke dazu einen feinfruchtigen Moselriesling. Überhaupt die Weinkarte: Ralf Leiendecker kümmert sich persönlich darum, besucht die Weinmessen und verkostet. 17 offene Weine (ab 4,10 Euro) aus fünf deutschen Anbaugebieten, verschiedenen europäischen sowie von Kalifornien und Chile bietet er an. Sehr umfangreich ist die Flaschenweinkarte (ab 14,50 Euro) mit ausgesuchten Weinen aus Deutschland und den wichtigsten Weinbauregionen in der Welt. Bei der aufmerksamen Durchsicht sehe ich gleich: Ralf Leiendecker hat zwar auch bekannte Weingüter dabei, kauft aber die edlen Tropfen eher mit Sachverstand als nach Namen ein. Einen Spätburgunder von der Ahr vom Weingut Adeneuer genieße ich zum Hauptgang: Alt Mayener Schiefersteak mit Bratkartoffeln und Salat (19,50 Euro). Den Klassiker haben Leiendeckers schon seit 1970 auf der Karte. Das 240-Gramm-Steak hat der Koch mit einer Senf-Basilikumpaste eingestrichen und in luftgetrockneten Kernschinken vom Bauer aus der Region eingewickelt. Die Bratkartoffeln schmecken toll, die kräftige Sauce ist ebenso gelungen.

Ausflugtipp

Der Maifeld Radwanderweg erfreut sich großer Beliebtheit: Er verläuft auf einer stillgelegten Bahnstrecke mit sanften Gefäll- und Steigungsstrecken. Von Ochtendung bis zum Bahnhof Mayen-Ost sind es rund 18 km, der Abstecher von Polch nach Münstermaifeld ca. 10 km. Besonders attraktiv ist das 40 Meter hohe Viadukt über das Nettetal und die zwei beleuchteten Tunnel von 250 und 500 Metern Länge bei Hausen. Kunst an der Strecke: Der Maifeld Radwanderweg führt immer wieder am Skulpturenweg vorbei. Das Open-Air-Museum „SkulpTOUR mit und ohne Rad" macht Lust auf Kunst zum Anfassen. Renommierte Künstler des in der Kunstszene berühmten Symposions „Lapidea", das regelmäßig bei Mayen stattfindet, haben vor allem die vulkanischen Gesteine der Umgebung wie Basalt oder Tuff genutzt, um ihrer Fantasie handfesten Ausdruck zu geben.
Sehenswert ist auch die Stiftskirche in Münstermaifeld mit den mächtigen Wehrtürmen.

Touristbüro der Verbandsgemeindeverwaltung Maifeld
Marktplatz 4 - 6
56751 Polch
Tel.: 0 26 54 / 94 02- 120/123
Fax: 0 26 54 / 94 02 48
E-Mail: touristik@maifeld.de
www.maifeld.de

Gutshof Hotel Arosa

Adresse

Gutshof Hotel Arosa
Familie Ralf & Sabine Leiendecker
Koblenzer Straße 2
56299 Ochtendung
Tel.: 0 26 25 / 44 71
Fax 0 26 25 / 52 61
E-Mail: hotelarosa@t-online.de
www.gutshofhotelarosa.de

Anfahrt

A 48, Ausfahrt Ochtendung

Preise

Vorspeisen: ab 8,50 €
Suppen: ab 4,50 €
Hauptspeisen: ab 13,50 €
Nachspeisen: ab 3,80 €
Menü: ab 32,50 €

Hotel

DZ 78 €
EZ 41 €
Insges. 11 Zimmer

Preise incl. Frühstück

Zahlungsmöglichkeit: EC, Kreditkarten

Plätze

Gutsschänke: 24 Plätze
Kaminzimmer: 30 Plätze
Terrasse innen: 15 Plätze
Saal: 80 Personen
Außenplätze: Innenhof 40 Plätze

Öffnungszeiten

Tgl. 12 – 14.30 Uhr
17.30 – 21.30 Uhr
Mo. Ruhetag

Bewertung:

Alt Mayener Schiefersteak vom Weideochsen

Rezept für 4 Personen:

880 g Roastbeef vom Weideochsen
12 Scheiben à 8 g vom luftgetrockneten Eifelschinken
40 g Löwensenf extra scharf
40 g hausgemachte Kräuterpaste (oder Pesto)
40 g Rieslingsenf aus der Cochemer Senfmühle, Steffens Meersalz, schwarzer Pfeffer

Zubereitung:

Aufteilen des Roastbeefstücks in vier schöne Stücke à 220 g. Diese Stücke werden nun mit grobem Meersalz und schwarzem Pfeffer aus der Mühle gewürzt.
Danach werden die Steaks mit einem Platiereisen flach geklopft. Eine Seite des Fleisches wird mit Löwensenf, Kräuterpaste und Rieslingsenf bestrichen. Anschließend wird die bestrichene Seite mit einer Scheibe Schinken belegt und diese mit einem Schaschlikspieß befestigt.
In einer Pfanne lässt man nun Butterschmalz erhitzen und brät die Rumpsteaks kräftig an. Dann gibt man sie auf ein Backblech und lässt sie bei 210 Grad im Backofen ca. 10 Minuten braten.
Das Alt Mayener Schiefersteak wird mit einer Scheibe Kräuterbutter und etwas brauner Sauce serviert.
Als Beilage reicht man knusprige Bratkartoffeln und einen schönen grünen Salat mit Joghurtdressing.

Landgasthof Schröder
in Üxheim-Niederehe

Das Restaurant in der Dorfkneipe

Wer ins Restaurant will, muss erstmal durch die Kneipe: Auf runden Barhockern sitzen immer ein paar Stammgäste bei einem Bier am Tresen. Dunkle Hölzer dominieren – an der Wand hängen nummerierte Spardosen von der Volksbank, aus dem Zapfhahn fließt Bitburger Pils. Hier ist es genauso, wie ich eine gemütliche Dorfkneipe aus meiner Jugend in Erinnerung habe – und warum nicht vor dem Essen zur Entspannung noch einen Drink nehmen? In anderen europäischen Ländern ist dies ohnehin üblich. Gleich nebenan geht's durch zwei verglaste alte Holztüren ins Restaurant. Der alte Holzboden ist über 80 Jahre alt, in der Ecke steht zur Dekoration Omas Herd – die Einrichtung ist ländlich-freundlich. Der Landgasthof ist, was er ist: schnörkellos. Er versucht nicht, mehr zu sein – aber auf keinen Fall weniger. Genauso sieht es der Besitzer Markus Schröder. Er will, dass sich seine Gäste wohl fühlen – und das tun sie zweifellos.

Für den in einem Nachbardorf lebenden Michael Preute, besser bekannt als Eifelkrimi–Autor Jacques Berndorf, ist der Landgasthof Schröder schon so etwas wie ein „zweites Wohnzimmer" geworden. Mit seiner Frau Geli ist er oft zu Gast und erfreut sich zum Beispiel bei einer Forelle an dem „Mittelding zwischen Restaurant und Dorfkneipe". Für den Hausprospekt schrieb er: „Dieses Haus ist ganz ungewöhnlich. Da hocken knorrige Dörfler im Blaumann am Tresen, da genießt der hauptberufliche Krawattenträger aus Düsseldorf und Frankfurt sein Steak, da feiert die Runde der Golfer ihre Heimkehr von einem Turnier in Tunesien, da überlegen ein paar Wanderer, welche Strecke sie morgen gehen wollen. Und das alles in einem Raum." Die leckeren Gerichte von Markus Schröder lässt Berndorf in seine Krimis einfließen: „... fuhren wir nach Niederehe und aßen bei Markus. ... wir aßen die Forelle mit Mandeln und hörten jemanden an der Theke in Eifler

Restaurant und Dorfkneipe: der Tresen im Landgasthof Schröder.

Platt Witze erzählen. Niemand verstand ein Wort, nicht einmal die, die direkt neben dem Mann saßen." Zu Schröder kommen immer mal wieder Leser, die Gerichte aus den Krimis bestellen. Der Landgasthof hat seine Ursprünglichkeit bewahrt. Seit

1880 gibt es das Gasthaus in der Mitte des Dorfes gegenüber der Klosterkirche Niederehe aus dem 12. Jahrhundert. Der Großvater von Markus Schröder hat es gekauft – wo früher Stall und Scheune standen, baute er die Gastronomie aus. Drei Jahrzehnte lang, von 1929 bis 1961, führte er den Landgasthof als „Gaststätte mit Restauration" und drei „Fremdenzimmern".

1961 übernahmen Markus Eltern Bernhard und Hella den Gasthof – bis 1979. Dann schlossen sie den Betrieb und verdienten lieber sicheres Geld bei der Post. Ihre Kinder waren noch in der Ausbildung. Der 1961 geborene Markus lernte Koch und Kellner im Seehotel Maria Laach. Mit 23 Jahren eröffnete er 1984 wieder die fünf Jahre lang geschlossene Gaststätte und begann mit 350 000 DM Schulden – es standen ja einige Umbauten an.

Im gleichen Jahr lernte er auch seine Frau Barbara kennen. Zu der Zeit arbeitete die junge Frau aus Sylt in dem kleinen Eifeldorf. 2005 pachteten Schröders übrigens die Mühle als Gästehaus zu ihrem Landgasthof hinzu und konnten so 24 weitere Zimmer anbieten. 1986 heirateten der Eifler und die Norddeutsche – im selben Jahr wurde die Tochter Sarah geboren. Barbara Schröder reitet gerne – der agile Markus fährt lieber Motorrad. Deshalb gehört der Landgasthof zur „Biker-Connection" – ein Zusammenschluss motorradengagierter Gastronomen. Zuerst gab es die Connection nur in den Mittelgebirgen – jetzt in ganz Deutschland. Stammgäste, Urlauber, Familien, Fahrradfahrer, Wanderer, Motorradfahrer – bei Schröders fühlen sich alle zu Hause. Ob für Luxemburger, Belgier, Gäste aus dem Ruhrgebiet oder Einheimische: Markus Schröder kocht, was seine Gäste gerne essen. Das sind „Eifeler Spezialitäten", ein täglich wechselndes 4-Gänge-Menü, das kann aber auch ein „All you can eat" Grillfest mit Spanferkel sein. Beliebt ist auch die Schnitzelkarte: 10 Variationen stehen auf der Karte – von „Hawaii" mit Ananas über „Italia" mit Salami bis „Art des Hauses" mit Kräuterrührei. Markus Schröder und seiner Frau Barbara gelingt es durch ihre offene und sympathische Art, viele Stammgäste an das Haus zu binden. Der Landgasthof ist für viele eine Art zweites Zuhause geworden. An manchen Wochenenden ist das ganze Haus schon mal voll mit „Rallye-Leuten", die mit bunt beklebten Autos anreisen. Die Eifelstraßen eignen sich gut für Rallye Veranstaltungen. „Eifel-Rallye" heißt auch einer der Krimis von Jacques Berndorf, der Nürburgring ist ja nicht weit weg. Der Landgasthof Schröder ist auch Partner des Eifel-Krimi-Wanderweges, der 11 Schauplätze miteinander verbindet. Der Weg führt zu Orten, an denen wilde Verfolgungsjagden stattgefunden haben, Verbrechen geschehen sind oder eifrige Ermittler nach intensiver Spurensuche auf ein kühles Bier oder eine leckere Mahlzeit eingekehrt sind. Solange die Wanderer im Landgasthof Schröder einkehren, ist es ungefährlich und genussvoll.

Sympathische Gastgeber: Barbara und Markus Schröder.

Testnotizen

Ich besuche Schröders an einem Samstag: Vorne in der Kneipe schauen sich ein paar Sportfans Fußball an – das interessiert mich auch, aber ich bin ja zum Essen da. Markus Schröder serviert mir persönlich die Vorspeise: Luftgetrockneter Eifeler Knochenschinken mit Meerrettichapfel und Salatbouquet (6,50 Euro). Das Salatbouquet hat er kunstvoll in eine ausgehöhlte Gurke drapiert, die Meerrettichsahne in der Apfelhälfte schmeckt mir gut. Dazu trinke ich einen trockenen Riesling Classic 2006 (3,00 Euro) vom Weingut Reiner Simon von der Mosel. Zur Hauptspeise gibt es ein Rumpsteak vom Angusrind mit Sherryrahm und Eifeler Rohbräter, das heißt Bratkartoffeln von frischen rohen Kartoffeln, nicht von gekochten wie sonst üblich. Dazu hat Markus Schröder Julienne vom Wurzelgemüse kurz angebraten. Der Gang ist klar komponiert und schnörkellos umgesetzt – und schmeckt gut. Der 2006er Spätburgunder von der Mayschoßer Winzergenossenschaft (3,50 Euro) ist der passende Begleiter zum Steak. Markus Schröder hat das Fleisch auf den Punkt im Backofen gegart. Er kann mehr, als er im Landgasthof zeigen kann: Alles bereitet er frisch zu. Zum Abschluss genieße ich einen Dessertteller mit hausgemachter Mousse au Chocolat, hausgemachtem Espressoparfait und frischen Erdbeeren – mit leckerer Sauce. Die Auswahl auf der Weinkarte ist überschaubar, aber ausreichend: 9 offene Weine (ab 3,00 Euro) und 12 Flaschenweine (ab 13,50 Euro) von der Ahr und der Mosel. Alle Ahrweine kommen von der guten Winzergenossenschaft in Mayschoß, die Moseltropfen fast alle vom Weingut Reiner Simon in Lösnich. Natürlich gibt es Bitburger, Kölsch und Weizenbier.

Ausflugtipp

Zwei Routen des Krimiwanderweges (www.eifelkrimi-wanderweg.de) sind ausgeschildert. Die Route 1 in der Länge von 18 Kilometern beginnt in Hillesheim und führt über den Golfplatz und Berndorf nach Walsdorf.
Route 2 ist 20,5 km lang, beginnt in Kerpen und führt über die Burgruine Neublankenheim und den Wasserfall bis nach Niederehe.
Der sehenswerte Wasserfall von Dreimühlen wurde zum Naturdenkmal erklärt. Er ist durch Ablagerungen von drei stark karbonathaltigen Zuflüssen des Ahbaches entstanden und von Niederehe über den Kalkeifel-Radweg auch zu Fuß (2,8 km) erreichbar.
Das ehemalige Augustinerinnenkloster in Niederehe wurde von 1162 bis 1175 erbaut. 1803 wurde es aufgelöst. Besonders sehenswert ist die alte Klosterkirche, deren älteste Teile aus dem 12. Jahrhundert stammen. In der Kirche befindet sich ein Chorgestühl aus dem Jahre 1530 und wertvolle Bildwerke aus dem 17. Jahrhundert, neben dem Hochgrab Phillips von der Mark und seiner Gattin Katharina. Neu renoviert: die Balthasar-König Orgel aus dem Jahr 1715.

Tourist-Information Hillesheim
Graf-Mirbach-Str. 2
54576 Hillesheim
Tel.: 0 65 93 / 80 92 00
Fax: 0 65 93 / 80 92 01
touristik@hillesheim.de
www.hillesheim.de

Landgasthof Schröder

Adresse

Landgasthof Schröder
Familie Markus Schröder
Kerpener Straße 7
54579 Üxheim-Niederehe
Tel.: 0 26 96 / 10 48
Fax 0 26 96 / 14 72
E-Mail: info@landgasthof-schroeder.de
www.landgasthof-schroeder.de

Anfahrt

A 1 Trier – Köln / Ausfahrt Gerolstein / B 421 Richtung Hillesheim, Beschilderung Klosterkirche Niederehe folgen

Preise

Vorspeisen: ab 6,50 €
Suppen: ab 3,70 €
Hauptspeisen: ab 9,80 €
Nachspeisen: ab 3,50 €
Menü: ab 19,00 €

Hotel

DZ ab 69 €
EZ 39,50 €
Insges. 30 Zimmer

Preise incl. Frühstück

Zahlungsmöglichkeit: EC

Plätze

Restaurant: 60 Plätze
Bierstube: 30 Plätze
Festsaal: 100 Personen (teilbar)
Terrasse: 30 Plätze
Sommergarten: 30 Plätze

Öffnungszeiten

Tgl. ab 12 – 14 Uhr und 18 – 21.30 Uhr
Di. Ruhetag

Bewertung:

Zutaten

80 g Blockschokolade
1 Ei
1 Eigelb
10 g Zucker
150 ml flüssige Sahne
2 Eier
20 g Zucker
150 ml flüssige Sahne
Espresso kalt

Erdbeeren nach Bedarf (Obst der Saison)

Mousse au Chocolat, hausgemachtes Espressoparfait und frische Erdbeeren

Zubereitung:

Die Blockschokolade im Wasserbad schmelzen.
Das Ei und das Eigelb mit dem Zucker schaumig schlagen, die geschmolzene Schokolade unterrühren und kalt werden lassen. Die Sahne schlagen und unter die kalte Schokoladenmasse heben, in eine Form füllen und kalt stellen.

Die Eier mit dem Zucker schaumig schlagen.
Die Sahne schlagen und unter die kalte Eimasse heben, Espresso nach Geschmack hinzufügen.
Die Masse in eine Form geben und in den Gefrierschrank stellen.
Die Schokoladenmasse mit einem Löffel abstechen, das

Halbgefrorene aus dem Gefrierschrank nehmen, eine Scheibe abschneiden.
Das Mousse mit dem Halbgefrorenem auf einem Teller anrichten und mit Erdbeeren (oder Obst der Saison) garnieren.

Landhotel am Wenzelbach in Prüm

Der Eifel Cowboy und seine Angus-Rinder

„Rettet den Sonntagsbraten", steht mit Kreide auf einem Schild außen am Hotel geschrieben. Wie eine Rettungsaktion für den traditionellen sonntäglichen Fleischverzehr aussehen kann, weiß Werner Arens ganz genau. Ein schön geschmorter Rinderbraten vom Deutschen Angus-Rind aus eigener Züchtung, mit leckerer Bratensauce, vielleicht Döppekoochen und Salat als Beilage – schon ist der Sonntagsbraten gerettet. Für dieses Gericht muss der „Eifel-Cowboy" seine Gäste nicht mit dem Lasso einfangen – gerne lassen sie sich im Landhotel verwöhnen. Natürlich sieht man Werner Arens nicht in Westernkleidung mit Cowboyhut – aber er ist ein begeisterter Wanderreiter. Für seine Freizeit hält er sich zwei Pferde. Das Landhotel ist eine von 58 Wanderreitstationen, die unter dem Namen „Eifel zu Pferd" kooperieren. Gäste, die mit ihren Vierbeinern anreisen, finden hier alles, was des Reiters Herz begehrt: Weiden, Laufställe, Boxen, Futter für die Tiere. Werner Arens hat Routen rund um Prüm ausgearbeitet, die sich für Tagesausflüge auf dem Rücken der Pferde anbieten. Wenn er Zeit hat, reitet er selber mit.

Auf jeden Fall gibt es vom Wenzelbach auf Wunsch ein deftiges Lunchpaket für die Satteltaschen. Werner Arens hatte schon immer Tiere, als Hobby (!) hat er Kühe gehalten – daraus wurde eine richtige Rinderzucht. Seine Herde besteht mittlerweile aus 30 „Deutsche Angus"-Rindern. Er versucht so viele Tiere zu halten, wie er für das Restaurant braucht. Die Rinder werden im Schlachthof in Prüm möglichst stressfrei geschlachtet. Das Rindfleisch ist für die Marke Eifel qualifiziert. Man sieht es der Speisekarte an, dass der Küchenchef seiner Heimat Eifel sehr verbunden ist: Eifel-Cocktail, Eifel-Schwein, Eifeler Döppekoochen, Eifel-Ziegenkäse. Geboren wurde er in Schönecken in einem Kloster – nicht weit weg von Prüm. Sein

Selbstgemachte Marmeladen und „Aufgesetzter" von Marlies und Anja Arens kann man im Landhotel kaufen.

Vater war Elektriker – aber seine Mutter war auch schon eine gute Köchin. Schon in der Schule hat Werner Arens bei

55

Wandertagen gekocht – in Trier absolvierte er zuerst eine Ausbildung zum Koch und anschließend im renommierten Café Raab zum Konditor. Danach führte er im Prümer „Zum Goldenen Stern" die Küche. Hier lernte er auch seine Frau Marlies kennen – sie arbeitete ebenfalls in der Küche. Marlies stammt gebürtig aus Dahnen an der Luxemburger Grenze und hatte ursprünglich Kunststopferin gelernt – keine zukunftsträchtige Berufswahl. 1969 heirateten die beiden – im selben Jahr wurde ihre Tochter Anja geboren. Mit jungen 22 Jahren machte sich das Paar selbstständig und pachtete 1970 den Gasthof: Speisegaststätte Arens hieß er nun. Natürlich suchten sie „was Eigenes" – und fanden es am Wenzelbach, am Ortsrand von Prüm. Seit Anfang des 19. Jahrhunderts war das Haus als Gaststätte und Brauerei bekannt.

Werner und Marlies Arens kauften 1976 erst den mittleren Teil des Hauses, später den Rest, bauten dann um und erweiterten den Bau 1998 mit dem Restaurant im vorderen Teil. Heute ist das Landhotel ein echter Familienbetrieb: Küchenmeister Werner Arens und Marlies arbeiten in der Küche. Tochter Anja hilft bei Bedarf mit und kümmert sich ansonsten um den Service. Ihre Ausbildung hat sie in Wittlich absolviert, in Bad Kreuznach besuchte sie die Hotelfachschule. 1992 bestand sie ihre Prüfung als Restaurantmeisterin. Anja ist unermüdlich: Bis spät in die Nacht steht sie hinter der Theke in der Gaststube „Omas alte Küche", dem gemütlichsten Teil des Landhotels, und kümmert sich um die Gäste. Auf der Internetseite vom Wenzelbach kümmert sie sich um die Inhalte. Unter der Rubrik „Anjas Klatschgeschichten" berichtet sie rund um das Hotel, zum Beispiel über den 60. Geburtstag ihres Vaters oder über einen Ausflug mit Stammgästen. Zusammen mit ihrer Mutter kocht sie Marmelade: Löwenzahn-, Holunder- oder Erdbeermarmelade sind typische Sorten. Ebenso wie die hausgemachten „Aufgesetzten" kann man die Marmeladengläser im Landgasthof kaufen. Einheimische, aber auch Luxemburger, Belgier und Urlauber aus dem Ruhrgebiet zieht es an den Wenzelbach in der Vulkaneifel – manche Stammgäste schon seit 20 Jahren. Sogar Fahrradfahrer kommen in die hügelige Landschaft zur „Bett & Bike" Station. Im Sommer wie im Winter ist die Region attraktiv: Die Eingangstür vom Landhotel liegt auf 421 Metern – da gibt es auch schon mal Schnee. Die Familie Arens bietet für Urlauber verschiedene Pauschalarrangements an: Bei dem Pauschalangebot „Eifeler Spezialitäten" gibt es ein täglich wechselndes 4-Gänge-Menü. Beim Wareneinkauf für das Restaurant setzt Werner Arens (wie könnte es anders sein) ganz auf die Region: Fleisch nach Möglichkeit von der Regionalmarke Eifel, Wild vom Jäger, Obst und Gemüse soweit möglich von Eifel-Bauern.

Die Devise des „Eifel-Cowboys" lautet: „Der Geschmack, die Düfte und Aromen von damals mit der Kreativität von heute".

Echter Familienbetrieb: Marlies, Werner und Anja Arens.

Testnotizen

Schon der Gruß aus der Küche gibt die Richtung vor: Wildschinken mit Selleriesalat – hier gibt es Regionalküche pur. Die freundliche Anja Arens bringt mir typische Häppchen für zwischendurch: Rinderbierschinken von eigenem Rind, Ziegenkäse vom Hof Steinrausch in Wascheid, hausgemachte Rindersalami. „Eifel Anti-Pasti" (5,90 Euro) heißt der dekorative Vorspeisenteller mit Schinken, Rindersalami, lockeren Döppekoochen Streifen und eingelegtem Gemüse. Dazu steht Brot und Griebenschmalz mit Äpfeln auf der weißen Tischdecke mit einem hübschen handbestickten blauen Muster, wie ich es aus meiner Kindheit kenne. Der 2006er Elbling Wein dazu kommt vom Weingut Gales in Remich / Luxemburg. Sauerbraten nach einem traditionellen Prümer Rezept (13,90 Euro) gibt es zur Hauptspeise – Werner Arens hat extra Buchweizenklöße dazu gemacht. Dazu trinke ich einen akzeptablen Frühburgunder von der Walporzheimer Winzergenossenschaft mit Eifel Logo. Zum Dessert gibt eine Eifeler Nationalspeise mal als Nachtisch: Heißer Honig-Mandel Döppekooche in Karamellsauce, dazu Vanilleeis (3,80 Euro). Schmeckt ganz gut – der Döppekoochen erinnert nun wirklich an einen Kuchen, wie eine Rüblitorte oder ein Gewürzkuchen. Dazu probiere ich einen hausgemachten „Rosenwein" (2,20 Euro): Ein Dornfelder Roséwein von der Mosel mit Rosenblütenblätter – interessante Idee, aber ich bevorzuge doch Wein ohne Blütenblätter. Auf der Weinkarte stehen sieben offene Weine (ab 3,50 Euro) von der Mosel, der Ahr und Württemberg. Die einzelnen Positionen stehen auf kleinen Zetteln in Plastikfolien – das ist nicht so attraktiv. Rund 30 Flaschenweine (ab 12,80 Euro) aus verschiedenen deutschen Anbaugebieten, Chile und Frankreich runden das durchaus ansehnliche Weinangebot ab.

Ausflugtipp

Die Vulkaneifel rund um Prüm eignet sich für ausgedehnte Wandertouren in ursprünglicher Natur. Sogar der Deutsche Wandertag fand schon in Prüm statt. Ein recht attraktiver Wanderweg ist der „Panoramaweg 120" – eingerichtet von der Ortsgruppe Prüm des Eifelvereins, die 2008 ihr 120-jähriges Jubiläum feierte. Der Weg beginnt am Wenzelbach, ist 19 Kilometer lang und dauert ca. 5 - 6 Stunden reine Wanderzeit. Der Prümtalradweg von Stadtkyll bis zur Flussmündung in die Nims bietet landschaftlich reizvolle Aussichten, hat aber auch Steigungen im Programm. Der Teilabschnitt von Prüm nach Waxweiler (18 km) verläuft auf einer ehemaligen Bahntrasse und „rollt" relativ einfach. In den Wintersportgebieten „Schwarzer Mann" und „Wolfsschlucht" gibt es Abfahrtspisten, Lifte, Rodelbahnen und wunderschöne Langlaufloipen – Schnee vorausgesetzt. Auch außerhalb der Wintermonate bietet sich dem Wanderer ein hervorragend ausgebautes Wegenetz mit Einkehrmöglichkeiten.

Tourist-Information
Prümer Land
Haus des Gastes
Hahnplatz 1
54595 Prüm
Tel.: 0 65 51 / 5 05
Fax: 0 65 51 / 76 40
EMail: ti@pruem.de
www.pruem.de

Landhotel am Wenzelbach

Adresse

Landhotel am Wenzelbach
Familie Werner Arens
Kreuzerweg 30
54595 Prüm
Tel.: 0 65 51 / 95 38 0
Fax 0 65 51 / 95 38 39
E-Mail: landhotel@wenzelbach.de
www.wenzelbach.de

Anfahrt

A 60 Belgien – Wittlich Ausfahrt Prüm / über Niederprüm
nach Prüm fahren / 1. Haus links vor Ortseingang Prüm

Preise

Vorspeisen: ab 5,90 €
Suppen: ab 3,00 €
Hauptspeisen: ab 10,90 €
Nachspeisen: ab 3,80 €
Menü: ab 20,00 € 4-Gänge („Döppekooche Überraschungsmenü")

Hotel

DZ ab 64 €
EZ 49 €
Insges. 17 Zimmer

Preise incl. Frühstück

Zahlungsmöglichkeit: EC, Kreditkarten

Plätze

Restaurant: 35 Plätze
Clubgalerie: 30 Plätze
Gaststube Omas alte Küche: 30 Plätze
Festsaal: 60 Personen

Öffnungszeiten

Tgl. 12 – 14 Uhr und 18 – 21 Uhr
Do. Ruhetag

Bewertung:

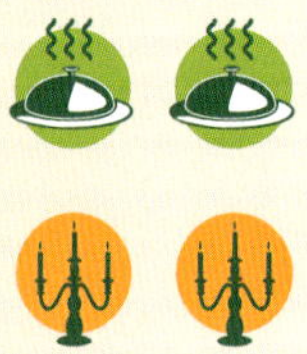

Rezept für 4 Rouladen

4 Scheiben ca.180 g Rouladenfleisch vom Angusochsen

mit folgenden Zutaten füllen:
200 g frisches Sauerkraut
60 g roher Premium Schinken
100 g Wascheider Fetakäse
4 Wachholderbeeren
frischer Thymianzweig
4 El Monschauer Senf
Zwiebelscheiben, Pfeffer, Salz, Nelke, Lorbeer und Thymian

Zubereitung:

Fleischscheiben mit Pfeffer, Salz würzen, mit Senf bestreichen, mit einer Scheibe rohem Premium Schinken belegen. Mit folgenden Zutaten füllen: Sauerkraut, Wascheider Fetakäse, Wachholderbeere, frischer Thymian und Zwiebelscheiben.
Rouladen rollen, binden und

Eifeler Ochsen-Roulade gefüllt mit Wascheider Ziegen-Feta, Zwiebeln, Schinken und frischem Sauerkraut mit einem Schuss Landbier in einer pikanten Sauce zubereitet

mit Möhren, Sellerie und Zwiebelwürfel anbraten,
mit 200 ml Landbier ablöschen,
mit Nelke, Lorbeer und Thymian würzen,
mit Rinderbrühe (ca. 1 Liter) auffüllen,
ca. 90 Minuten im Topf schmoren.

Als Beilage empfehlen wir Döppekooche und einen bunten Salat.

Landgasthof Michels
in Schalkenmehren

Badens Sonne scheint auch in der Eifel

Das soll ein Landgasthof sein? Ein 4-Sterne-Hotel mit 49 Zimmern mit insgesamt 94 Betten und rund 40 festen Mitarbeitern? Und ob das ein Landgasthof ist – und was für einer! Größe allein ist kein Kriterium für einen Landgasthof – Qualität und Gemütlichkeit schon. Hubert Drayer kommt aus der Nähe von Freiburg in Südbaden – mit seiner Frau und dem Team hat er in der Vulkan-Eifel Maßstäbe für professionelle Gastlichkeit gesetzt. 1996 übernahm er den Betrieb von seiner kinderlosen Patentante Rosel Michels und führte die rund 130 Jahre alte gastronomische Familientradition zu neuer Blüte. Es gibt sie noch, die erste Gaststube, in der die Michels in Schalkenmehren anfingen. Der Charme des über Jahrzehnte gewachsenen Landgasthofes ist auch heute noch spürbar. Es begann mit einem landwirtschaftlichen Betrieb und einer Poststelle – wo Bauern nach der Feldarbeit zusammenkamen entstand eine Wirtsstube. Schon in den zwanziger Jahren gab es zudem 14 Gästebetten – für die Jäger und Angler, die aus dem Köln-Düsseldorfer Raum gerne zur Rotwildjagd kamen. Damals führten die drei

Geschwister Michels den Betrieb. Nach dem Zweiten Weltkrieg übernahmen Werner und Rosel Michels das Anwesen. In den 70-er Jahren bauten sie das Schwimmbad und erweiterten das Hotel auf 52 Betten. Das Haus unter der Leitung von Rosel Michels war bekannt für seine familiäre Gastfreundlichkeit. Ihr Neffe Hubert Drayer wurde in Baden ausgebildet und machte seinen Küchenmeister in Baden-Baden. 1986 kam er zur „Verstärkung" nach Schalkenmehren und übernahm die Küche. 1993 starb sein Onkel Werner Michels – der Badener trat als Geschäftsführer in den Betrieb

Der Landgasthof Michels eignet sich für Familienurlaub und Familienfeiern.

ein und übernahm ihn 1996. Rosel Michels starb 2007 im Alter von 82 Jahren – bis zuletzt war sie noch im Betrieb unterwegs und arrangierte die Blumen. Seine Frau Melanie lernt Hubert Drayer im Betrieb kennen. Sie ist in Neuerburg bei Wittlich aufgewachsen. Schon als sie 5 Jahre alt war, wollte sie in die Gastronomie: Ihre Tante arbeitete in Frankfurt in einem Hotel – das fand sie ganz spannend. Nach Stationen in renommierten Häusern wie St. Peter in Walporzheim, Hotel Ritter in Durbach und Brenners Parkhotel in Baden-Baden absolviert sie ihren Restaurantmeisterkurs und kehrt 1989 in den Betrieb zurück – im selben Jahr heiraten sie. In den 90-er Jahren werden ihre Töchter Julia und Luisa geboren. „Landidyll" heißt die Kooperation von rund 30 individuellen Landhotels, die sich 1987 zusammengefunden haben. Hubert Drayer engagiert sich in dem Verband als stellvertretender Vorsitzender – und setzt so konsequent die Qualitätsstandards um, wie man es selten in einem Ferienhotel findet. Auffallend ist zum Beispiel das herausragend gebriefte Servicepersonal. Melanie Drayer brachte viele Ideen in den Betrieb ein, unter anderem hatte sie die Idee mit den Kleidern im Landhausstil – sie trägt sie auch selber. Die Servicekräfte erscheinen kompetent, selbstbewusst, offen – nicht nur in der Eifel mit seinen eher verschlossenen Bewohnern eine Seltenheit. Die Chefs achten darauf, das Niveau nicht nur zu halten, sondern auch zu erhöhen: Externe Trainer werden mit hinzugezogen. Faszinierend auch die Atmosphäre in der Küche: Viele junge Leute stehen am Herd – aber auch erfahrene Kräfte wie Küchenchef Ferdinand Scharner. Bei der Menge von Hausgästen, Feiern und Restaurantgästen, die an einem Abend verköstigt werden wollen, fliegen schon mal die Töpfe schnell über den Herd. Aber die Qualitätsmaßstäbe gelten auch hier für die regional orientierte Küche – und werden natürlich eingehalten. Die ganz großen kulinarischen Höhenflüge sind hier nicht zu erwarten – aber eine ansprechende Küchenleistung auf durchgängig hohem Niveau. Produkte aus der Eifel werden nach Möglichkeit verarbeitet – das gehört zum Selbstverständnis des Betriebes.

Die wunderschöne Eifel-Landschaft sorgt das ganze Jahr über für eine 80-prozentige Auslastung des Hotels: Schnee im Winter, wandern im Frühling, baden im Sommer und die bunten Herbstfarben der Eifel locken die Gäste aus einem Umkreis von 200 Kilometern weit an. Das Publikum ist sehr gemischt: Junge und ältere Paare, Familien, Gruppen, Singles. Stammgäste bleiben häufig ein bis zwei Wochen und finden ein reichhaltiges Angebot: Saunalandschaft, Fitnessraum, Wellnessbereich und ein Schwimmbad – Drayers planen übrigens den Bau eines neuen Schwimmbads.

Seit über 20 Jahren lebt der Badener Hubert Drayer nun in der Eifel – es gibt definitiv einen Unterschied in der Lebensart. „Die Süddeutschen sind etwas offener, genussorientierter", sagt er und lacht dabei in seiner herzerfrischenden Art.

Mittlerweile ist er in seiner neuen Heimatgemeinde voll integriert. In der Freizeit spielt er Tennis, gerne mit der Familie, walkt schon mal um den idyllischen See – das Schalkenmehrer Maar ist seine Heimat geworden. Mit seinem Elan und seiner Einsatzfreude sorgt er dafür, dass die Badener Sonne auch in der Eifel scheint.

Melanie und Hubert Drayer mit den Töchtern Julia und Luisa.

Testnotizen

Ich sitze im ältesten Teil des Landgasthofes: Der Holzboden und die Wandvertäfelung haben schon viele Gäste kommen und gehen sehen. Obwohl bei Michels über die Jahrzehnte immer wieder an- und umgebaut wurde, wirken die einzelnen Gaststuben wie aus einem Guss. Die warmen Farben wirken natürlich, nicht aufgesetzt und passen zur Landschaft. Zu jedem Essen gibt es immer ein Gedeck mit Brot, Butter und Kräuterquark – im Winter Schmalz. Die freundliche Dame im schwarz-orangen Landhausstil-Kleid bringt mir die Vorspeise: Lammconsommé mit Graupen und Gemüsewürfel (4,80 Euro). Die Suppe mit ihrem konzentrierten Geschmack schmeckt perfekt. Das Gericht stammt von der Sonderkarte „Eifeler Lammtage" mit vielen Gerichten rund um das Eifel-Lamm. Als Hauptspeise wähle ich die Variation einer Eifeler Leibspeise: Döppekoochen mit honigglasierter Trilogie von Eifeler Ziegenkäse an feinem Frühlingssalat (9,20 Euro). Ich bin immer fasziniert, wie man Döppekoochen kombinieren kann – mit Ziegenkäse jedenfalls schmeckt er gut. Als Dessert probiere ich Crêpes Suzette mit Monschauer Orangen-Senfsauce und Orangeneiscreme (5,80 Euro) – ein leckerer Genuss zum süßen Abschluss.

Um die umfangreiche Weinkarte kümmert sich Hubert Drayer persönlich – deutsche Weine von Mosel, Ahr und – natürlich – Baden liegen ihm am Herzen. Aus über einhundert Positionen kann der Weinfreund wählen. Die Karte ist sorgfältig zusammengestellt, moderat kalkuliert und dürfte für Weinliebhaber eine interessante Lektüre sein. Vorbildhaft sind für mich die umfangreichen Aperitif- und Digestifangebote sowie die Sekt-, Bier- und Wasserauswahl. Übrigens: Die offenen Weine werden im „Viertele" (0,25 l) serviert – halt wie in Baden üblich.

Ausflugtipp

Schalkenmehren lebt vom gleichnamigen Maar: Das größte der drei Dauner Maare bietet alles, was sich Freizeitsportler von einem See wünschen. Schwimmen (im Maarbad oder im See), Boot fahren, segeln und surfen sind möglich. Angler finden ebenso einen ruhigen Platz wie Wanderer schöne Wege rund um den See. Das Maar besteht aus einem östlichen vermoorten Trockenmaar und einem westlichen Teil mit Maarsee. Die Maare werden gerne auch die „Augen der Eifel" genannt. Sie sind in geologisch kurzer Zeit nacheinander in Folge von vulkanischen Aktivitäten entstanden. Ausgedehnte Wandertouren in der ursprünglichen Landschaft und geologisch geführte Wanderungen sind hier besonders beliebt. In kalten Wintern kann man wunderschön Schlittschuh laufen. Nur wenige Kilometer nebenan liegen das Weinfelder und das Gemündener Maar. Auf der ehemaligen Eisenbahntrasse verläuft der Maare-Mosel-Radweg von Daun über Schalkenmehren nach Bernkastel-Kues. Von Daun aus gesehen geht es immer leicht abwärts an die Mosel.

Touristinformation - Gemeinde Schalkenmehren
Maarstraße - Ortsmitte - 54552 Schalkenmehren
Tel.: 0 65 92 / 17 39 39
Fax: 0 65 92 / 17 39 40
www.schalkenmehren.de

Landgasthof Michels

Adresse

Landgasthof Michels
Hubert Drayer
Sankt Martin Straße 9
54552 Schalkenmehren
Tel.: 0 65 92 / 92 8 - 0
Fax 0 65 92 / 928 - 160
E-Mail: info@landgasthof-michels.de
www.landgasthof-michels.de

Anfahrt

A 48 Koblenz – Trier / Ausfahrt Mehren / Richtung Schalkenmehren

Preise

Vorspeisen: ab 7,50 €
Suppen: ab 3,90 €
Hauptspeisen: ab 10,20 €
Nachspeisen: ab 3,50 €
Menü: ab 30,00 €

Hotel

DZ 100 - 145 €
EZ 69 - 89 €
Incl. Frühstück
49 Zimmer

Zahlungsmöglichkeit: EC Kreditkarten

Plätze

Hausgästeraum „Langer Pääsch": 110 Plätze
Stübchen: 20 Plätze
Wirtschaft: 25 Plätze
Pitt Kreuzberg Stube: 70 Plätze

Öffnungszeiten

Tgl. 12 – 14.30 Uhr,
17.30 Uhr – 21.30 Uhr
Mo. Ruhetag

Bewertung:

Rezept Döppekoochen für 4 Personen :
400 g Kartoffeln geschält und fein geraspelt wie für Reibekuchen
60 g Speck in feinen Streifen
60 g feine Zwiebelwürfel
10 g Schnittlauch fein geschnitten
1 gehäufter EL Mehl,
zum würzen etwas Muskat, Pfeffer, Salz
1 Ei

Eifeler Döppekoochen mit Trilogie von honigglasiertem Eifler Ziegenkäse an feinem Salat mit Wildkräutern

Masse vermischen und in gebutterte Auflaufformen füllen, ca. 2-3 cm dick.
Im Ofen bei 160 Grad ca. 25 Minuten (je nach Dicke der Masse) backen.
Ideal sind kleine runde Portionsformen, die man nach dem backen dritteln kann.

Ziegenkäse vom Vulkanhof in Gillenfeld (www.vulkanhof.de)

Ziegenfrischkäse – „Eifelfrische" (milder Ziegenfrischkäse aus 100% Ziegenmilch)

Ziegenweichkäse „Eifelmilde" (pikanter Ziegenweichkäse aus 100% Ziegenrohmilch handgeschöpft, pikant ca. 45% Fett i.Tr.)

Ziegenschnittkäse „Eifelwürze" (Ziegenschnittkäse aus 100% Ziegenrohmilch mit Naturrinde 45% Fettgehalt i.Tr., – kräftig, pikant im Geschmack)

Je 80 g – (pro Pers. 20 g von jeder Käsesorte)

Je ein Drittel des Döppekoochens mit etwas Ziegenkäse belegen, dann mit Tannenhonig beträufeln und im Ofen mit starker Oberhitze überbacken

Salat:
Wir verwenden eine Wildkräutermischung, die sich jahreszeitlich ändert. Man kann auch einen bunten gemischten Blattsalat oder Raukesalat verwenden.
Unsere empfohlene Salatmischung:
Löwenzahn, Brunnenkresse, Radieschenblätter, Spitzwegerich, Wiesenklee, Rauke.
Dressing mit etwas Senf und Essig (weißer Balsamico) anrühren (mixen – Emulsion), dann mit Sonnenblumenöl, frischen Kräutern verfeinern, würzen, mit Salz und weißem gemahlenem Pfeffer anrichten.

Gasthaus Herrig in Meckel

Der Bauer im Koch

Im Grunde ist Thomas Herrig ein Bauer, ein richtiger Eifeler Bauer – von ganzem Herzen. Und er ist ein Koch – ein leidenschaftlicher Koch. Beides passt sehr gut zusammen: die geduldige Erzeugung von Lebensmitteln und deren sorgfältige Zubereitung für den Gast. Seit über 140 Jahren gibt es in dem idyllischen Eifeldorf Meckel die Gastwirtschaft in der Familie Herrig. Früher trank man im gemütlichen „Stievchin" der Dorfgaststätte ein Bitburger Pils zusammen. Bis in die 90-er Jahre wurde auch noch die Landwirtschaft betrieben. Und genau da setzt Thomas Herrig an: Seit 2005 ist das Gasthaus Herrig ein zertifizierter Betrieb der Dachmarke Eifel. Soweit irgend möglich gibt es im Hause nur Produkte aus der Region – regionale, frische Ware. Argentinische Steaks, italienischer Mozzarella oder spanischen Schinken wird man auf der Speisekarte vergeblich suchen. Aber Eifeler Ziegenkäse und Eifel Premium Schinken tauchen gleich mehrfach auf. Stolz zeigt er mir im Kühlraum nummerierte Vakuumbeutel: „Ich weiß genau, woher mein Fleisch kommt". Das gekühlte Rind kennt er genau: Nummer 1123 – das 23. Tier, das Metzger Müller in Gerolstein in der 11. Woche geschlachtet hat. Auch von welchem Bauer das Tier stammt, weiß der Koch genau. Er kauft nach Möglichkeit ganze Tiere und denkt sich dann die passenden Rezepte für die Verwertung aus. Zehn Lämmer hat er erstanden und sie ordentlich in unzählige beschriftete Plastikbeutel zerlegt.

Das Gasthaus ist nach wie vor ein Familienbetrieb. 1996 hat ihn Thomas von den Eltern übernommen. Zusammen mit seiner Mutter Cilli kocht er in der Küche, seine Frau Conny und sein Vater Helmut kümmern sich um den Service. Kontinuierlich hat sich das Gasthaus in den letzten Jahrzehnten entwickelt. Umbaumaßnahmen werden immer in der ganzen Familie diskutiert. Zuletzt wurde das „Gartenhaus" angebaut – wobei der Name eine Untertreibung ist. Das scheunengroße, aber gemütliche Gebäude bietet 120 Gästen Platz. Zum Garten hin ist es offen – da bietet sich eine großzügige Gartengestaltung an. Die hat Conny Herrig übernommen – schließlich hat die Mutter zweier Töchter als

Gelungener Anbau: das großzügige Gartenhaus.

Bauzeichnerin bei einem Landschaftsarchitekten gearbeitet. Pflanzen sind ihre Welt – wie Cilli Herrig wirkt sie gerne im Hintergrund, hält ihrem agilen Mann „den Rücken frei".

Die Gäste kommen aus dem ganzen Umland, Trierer und Bitburger Raum, häufig aus Luxemburg: Die schätzen das gute Essen und das günstige Preis-Leistungs-Verhältnis in Deutschland. Eines haben alle Besucher gemeinsam: Sie lieben echtes, gutes Essen ohne große Show. Manche Gäste wünschen sich klassische Gerichte wie Rinderrouladen – Thomas Herrig bereitet sie zu: natürlich mit Eifel Premium Speck. Die Philosophie der Herrigs ist einfach: Eine Familie soll es sich auch leisten können, gepflegt essen zu gehen. Deshalb schauen auch viele junge Leute bei Herrigs rein. Viele Eifeler nutzen die großzügigen Räumlichkeiten für Familienfeiern und Tagungen. Sie alle genießen die gute Küche und das ländliche Idyll in dem 400-Seelen-Dorf mit vielen friedlich weidenden Kühen.

Als junger Mann mochte Thomas Herrig, 1971 geboren, noch lieber Trecker fahren als Zwiebel schälen. Aber weil die Gastronomie mehr Zukunft hat als die Landwirtschaft lernte er Koch im Dorint-Hotel. Die Liebe zum Beruf kam später – und mit ihm sein Traum: Er will das Interesse der Genießer für die kulinarischen Spezialitäten der Eifel wecken. Der umtriebige Thomas Herrig ist ein Missionar – ein Rufer in der Wüste der banalen, uniformierten Schnitzel- und Steak-Gastronomie. Der Bauer in seiner Seele wirbt für die landwirtschaftlichen Produkte aus der Eifel. Thomas Herrig ist ein beredter Bauer. Mit seinem gepflegten Stefan-Raab-Bärtchen und sorgfältig getrimmten Koteletten signalisiert er schon nach außen, dass er mehr will. Er gibt VHS-Kurse, hält Vorträge, auch für Slow Food, mit klangvollen Namen wie „Vom Jägerschnitzel zur Gäkkisch Butsch – von der Profilierung durch regionale Küche". Er kocht mit Kindern in Schulen – Geschmacksbildung schon bei den Jüngsten liegt ihm am Herzen. Um seinen Kunden hautnah zu zeigen, wo das gute Essen herkommt, veranstaltet er „Gourmetwandern mit Thomas Herrig": Der agile Koch wandert mit Gästen von Bauer zu Bauer, erzählt Geschichten über Meckel, lässt die Besucher den Geruch von Stall und Eifel-Natur riechen, verwöhnt seine Gäste mit Flammkuchen in der Scheune und Schinken frisch vom Hof. Er vermittelt so einen authentischen Eindruck von seiner Arbeit im Landgasthof – die Gäste nehmen diese Art von Erlebnisgastronomie gerne an. Das regionale Genießerkonzept der Herrigs wird sowohl von Einheimischen wie von Besuchern von weiter her geschätzt. Die Eifeler finden ihre Leibspeisen (und werden bei Aktions-Speisekarten mit Dialektsprüchen zitiert), die anderen erfreuen sich an einer echten, lebendigen regionalen Küche.

Großfamilie: Conny und Thomas Herrig mit Eltern Cilli und Helmut Herrig und den Töchtern Eva und Leonie.

Testnotizen

„Gäkkisch Butsch" (6,20 €) steht auf der Karte – obwohl ich aus der Eifel stamme, kenne ich den Ausdruck nicht, aber Thomas Herrig übersetzt ihn für mich: „Verrückte Ziege", also „Zimtzicke" heißt es. Nun, diese Zimtzicke gefällt mir: Ein bunter Salatteller mit super würzigem Eifel Ziegenkäse in leckerem Eifel Premium Schinken – ansprechend mit Sauerrahmdressing angerichtet. Dazu gibt es von Hand geschnittenes kantiges (Eifel) Weizenmischbrot. In der Bier-Hochburg Bitburger Land pflegen Herrigs eine ansehnliche Weinkarte: rund 20 Positionen, viele davon offen – ehrliche Schoppenweine von Mosel, Rheinhessen, Ahr und Frankreich (ab 11,00 Euro). Ich probiere einen CS Riesling feinherb vom Mosel Weingut Claes Schmitt Erben: Er schmeckt fruchtig und trinkfreudig. Zwischendurch schleiche ich mich in die Küche und probiere vom selbst gebeizten Lachs (Klasse!) und dem lauwarmen Kartoffelsalat mit Petersilienpesto (11,50 Euro als Hauptgang). Endlich mal wieder ein Kartoffelsalat, der schmeckt. Als Hauptspeise gibt es einen Klassiker: Rinderroulade mit Salzkartoffeln und Kohlrabigemüse (13,00 Euro). Nun bin ich ja empfindlich, was dieses Gericht angeht: Es muss so schmecken, als wenn ich es zubereitet hätte – also: es hat sogar besser geschmeckt. Und warum? Weil in der Roulade natürlich wieder Eifel Premium Schinken steckt. Dazu probiere ich Cuvée No. 4 (Spätburgunder, Regent, Dornfelder) 2006, ebenfalls vom Weingut Claes Schmitt Erben. Der süffige Wein passt gut zur dunklen Bratensauce. Die Kohlrabi sind schön knackig, die Kartoffeln gut gewürzt.

Ich bilde mir ein, das Stück Rhabarber-Baiser mit Quark Vanille-Creme zum Nachtisch hat Cilli Herrig nur für mich gebacken – so gut schmeckt es mir. Ich fühle mich in diesem Gasthaus gut aufgehoben: klare, ländliche Küche zu äußerst moderaten Preisen.

Ausflugtipp

Rings um Meckel kann man stundenlang wandern – die stille Eifellandschaft verführt direkt dazu. Wer es sportlicher mag, kann die mittlerweile ganz gut ausgebauten Radwege befahren. Seit die Eisenbahntrassen nicht mehr für den Zugverkehr benutzt werden, sondern für Fahrradfahrer ausgebaut wurden, ist Radfahren auch in der Eifel ein Vergnügen – obwohl auch jetzt noch so mancher Höhenmeter überwunden werden muss. In der Nähe von Meckel führen sowohl der Nimstalradweg (Richtung Irrel und Echternach) als auch der Kylltalradweg (Richtung Trier). Sehenswert sind die „Irreler Wassserfälle" – Stromschnellen in der Prüm, die von einer Brücke aus recht gut beobachtet werden können. Wem dies alles zu anstrengend ist, der kann sich das Bitburger Land aus der Luft ansehen: Fahrten mit dem Heißluftballon sind in der Südeifel besonders beliebt.

Tourist-Information Bitburger & Speicherer Land
Im Graben 2
54634 Bitburg
Tel.: 0 65 61 / 94 34 0
Fax: 0 65 61 / 94 34 20
info@eifel-direkt.de
www.eifel-direkt.de

Gasthaus Herrig

Adresse

Gasthaus Herrig
Thomas Herrig
Hauptstraße 20
54636 Meckel
Tel.: 0 65 68 / 298
Fax 0 65 68 / 78 86
E-Mail: info@gasthaus-herrig.de
www.gasthaus-herrig.de

Anfahrt

B 51 Bitburg – Trier, Ausfahrt Meckel

Preise

Vorspeisen: ab 4,90 €
Suppen: ab 4,00 €
Hauptspeisen: ab 8,00 €
Nachspeisen: ab 4,50 €
Menü: ab 20,00 €

Hotel

DZ 48 - 58 €
EZ 29 €
7 Zimmer

Zahlungsmöglichkeit: EC, Kreditkarten

Plätze

Schankraum: 25 Plätze
Gute Stube: 30 Plätze
Gartenhaus: 140 Plätze
Außenplätze: Terrasse 15 Plätze
Garten: 100 Plätze

Öffnungszeiten

Tgl. ab 16 Uhr
Sonntag ab 11 Uhr
Di. Ruhetag

Bewertung:

Pikantes Hacksteak vom Eifel Lamm, überbacken mit Frühlingslauch und Reginos Eifel Ziegenfeta an Rotweinjus mit Eifel Honig und Balsamico verfeinert, dazu reichen wir Ravioli mit Eifel Ziegenweichkäse gefüllt.

Früher hatte der Schäfer immer noch ein Stündchen Zeit…

Zutaten für 6 Portionen
Lammhacksteak
1 kg Hackfleisch vom Eifel Lamm
1 Ei von freilaufenden Hühnern
1 eingeweichtes altbackenes Brötchen
12 g Salz, etwas Pfeffer
Monschauer Kaisersenf
1 Bund Frühlingslauch
3 gewürfelte Tomaten
6 eingelegte getrocknete Tomaten
18 Stück Oliven
400 g Eifel Ziegenfetakäse
Eifel Sonnenblumenkernöl

Schäferstündchen

Zubereitung:

Hackfleisch, Ei, Brot, Salz und Pfeffer sehr gut durchkneten, bis eine homogene Masse entstanden ist. Dann in 6 Teile teilen und Hacksteaks formen. Die rohen Steaks auf Teller verteilen und mit Monschauer Kaisersenf bestreichen. Die restlichen Zutaten würfeln und gleichmäßig darauf verteilen. Zum Schluss mit Sonnenblumenkernöl beträufeln und bei 160° C 20 Minuten lang im Backofen mit Umluft fertigstellen.

Harry's Restaurant
in Traben-Trarbach

Riesling-Patronin und belgischer Frittenkönig

An der 544 Kilometer langen Mosel herrscht wahrscheinlich kein Mangel an den unterschiedlichsten gastronomischen Einrichtungen – Harry's Restaurant scheint trotzdem in vielerlei Hinsicht aus dem Rahmen zu fallen. Die gebürtige Ingelheimerin Silvia Diemer und der belgische Meisterkoch Harry De Schepper verbindet die Liebe zum kompromisslosen Wein- und Essgenuss. Die ungewöhnliche Liaison sorgt dafür, dass es in dem kleinen Restaurant an der Mosel Topweine aus ganz Deutschland und feine Küche mit selbst gemachten belgischen „Fritten" zu bestaunen gibt. Silvia Diemer hat zuerst Arzthelferin gelernt – in Mainz und München studierte sie dann Jura. Wein hat sie schon immer interessiert – so verwundert es nicht, dass sie ihr Referendariat in der Pfalz zum Weinrecht absolvierte. Als der damalige Präsident des Rheingauer Weinbauverbandes, Erwein Graf Matuschka-Greiffenclau, einen Juristen für einen Text zum 1. Gewächs suchte, schrieb Silvia Diemer den gewünschten Text. Der Graf war von ihrer Kompetenz angetan: 1996 engagierte er sie als Geschäfts-

Harry's Gäste: Kulinarische Bootstour auf der Mosel.

führerin für den Rheingauer Weinbauverband. In dieser Funktion lernte sie Harry De Schepper kennen: Zu der Zeit arbeitete er als TV-Journalist und besuchte mit einem belgischen Kamerateam den Rheingau. Die beiden hielten den Kontakt aufrecht – bis sich im Jahre 2000 aus dem berufli-

chen Wein-Kontakt persönliche Liebe entwickelte. Bei der Rheingauer Weinwoche in Wiesbaden „outete" sich das Paar. Harry lebte in Anderlecht – für die Wochenendbeziehung mussten immer 800 Kilometer überwunden werden. Folgerichtig suchten sie ein Haus in der Mitte zwischen Belgien und

73

dem Rheingau. Bei der Suche erinnerte sich Harry an seinen Jugendtraum: ein eigenes kleines Restaurant …

In Traben-Trarbach an der Mosel wurden sie fündig: Ein Haus, 1903 erbaut, beherbergte einst das Eichamt und wurde später als Pizzeria und Kneipe genutzt, stand zum Verkauf. Ein Teil der Hauswand gehörte zur alten Stadtmauer. 2002 eröffnete das Paar Harry's Restaurant – mit belgischer Küche und gerade mal 20 Plätzen. Harry De Schepper ist in der Nähe von Antwerpen in Flandern geboren. Weil er der jüngste von fünf Söhnen war, durfte er nicht dem Vater in der Schmiede helfen, sondern blieb bei der Mutter am Herd. Seine Mutter war eine leidenschaftliche Köchin, schon Harrys Großmutter mütterlicherseits hatte für einen Grafen gekocht. So entschied sich der junge Harry für die Hotelfachschule:

In dieser Ausbildung wurde kombiniert sowohl Service als auch kochen gelernt. Schon kurz danach arbeitete er beim abgedankten ehemaligen König Leopold III., Vater vom belgischen König Baudouin. Später unterrichtete er selbst an der Hotelfachschule – unterbrochen vom Studium der Biochemie und der Oenologie (Weinbau) in Bordeaux. In der Hotelfachschule in Brüssel baute er eine neue Abteilung auf und blieb dort als Lehrkraft bis zu seiner Frühpensionierung 2001. Nebenher schrieb er Bücher über Wein, trat in Sendungen des belgischen Fernsehens als TV-Koch auf und moderierte Weinsendungen. Noch heute schreibt er für eine Zeitung in Flandern als Weinjournalist. Aus erster Ehe hat Harry drei Kinder. Sein ältester Sohn hat ein Restaurant in Brüssel – im „Jamie Oliver-Stil".

Silvia Diemer und Harry De Schepper sind neben ihrem Restaurant vielfältig engagiert: Sie ist Geschäftsführerin des Vereins Pro Riesling e.V., er veröffentlicht Ein-Pfannen-Rezepte („Pütt & Pann") in der Boot-Zeitschrift „Skipper". Gemeinsam veranstalten sie individuelle Bootsfahrten mit Weinproben und Häppchen auf der Mosel. Die 4-5-stündige Moseltour auf dem Motorboot mit ausgesuchten und leckeren Speisen für bis zu 8 Personen sind bei ihren Gästen sehr beliebt. Genauso wie die Weinseminare, die Harry und Silvia in ihrem Restaurant veranstalten. Deutsche Weine und da besonders der Riesling stehen natürlich im Vordergrund – die beiden präsentieren aber auch interessante Weine aus der ganzen Welt, vor allem aus Bordeaux und dem Burgund. Wegen der großen Nachfrage expandiert das deutsch-belgische Paar: Sie haben das Nachbarhaus gekauft und renovieren die Räume für Wein-Veranstaltungen. Besonders Belgier lassen sich von Harry und Silvia gerne den deutschen Wein erklären – mittlerweile spricht sie auch flämisch. Die Moselregion ist für Gäste aus den Benelux-Staaten fast schon Naherholungsgebiet. Aber auch Skandinavier sind gerne zu Gast bei Harry's – sie genießen den Moselriesling und Harrys gute Küche. Bei der Arbeit ist der Küchenchef streng und perfektionistisch – im Umgang mit Silvia und den Gästen lässt er seinen flämischen Charme spielen. Der harmonisch veranlagten Silvia Diemer ist das nur recht. Das liebenswerte Paar führt den kleinen Landgasthof sehr individuell – das schätzen die Gäste und erfreuen sich am Moselwein und den belgischen „Edel-Fritten".

Ein Genießer-Paar: Harry De Schepper und Silvia Diemer.

Testnotizen

Ich sitze in dem wirklich sehr kleinen Restaurant und freue mich über die Vorspeise: Terrine von Gänseleber mit Jamon de Serrano und Trüffelsplitter (14,50 Euro). Zu dem Edel-Gericht gibt es eine schmackhafte Zwiebelconfit und ein tolles Toastbrot aus Briocheteig – Spezialanfertigung des lokalen Bäckers. Durch den Serrano-Schinken in Lagen wird die Foie gras salzig – eine gelungene Kombination. Dazu passt natürlich nur ein edelsüßer Wein: Der 2006er Riesling Merler Fettgarten Auslese vom Weingut Kallfelz ist der passende Begleiter. Bis zur Hauptspeise kann ich nicht warten und gehe zu Harry De Schepper in die Küche. Ich bin beeindruckt, mit welcher Hingabe er das Steak gart und seine „Frieten" zweimal in sauberem Fett frittiert. Rumpsteak mit Beurre aux fines herbes, „belgischen Fritten" und Salat (16,80 Euro) heißt der Hauptgang. Klingt eher banal, und für mich sind Steaks nicht gerade die hohe Schule der Kochkunst, aber ich räume gerne ein: Das Fleisch war sensationell zart – das beste Steak, das ich seit Jahren gegessen habe, auf den Punkt gegart. Super auch die selbst gemachte Kräuterbutter mit sieben Kräutern. Und die Fritten schmecken toll: richtig kartoffelig, wie nur selbst gemachte Pommes aus frischen Kartoffeln schmecken können – stilvoll in der Tüte serviert. Das es an der Mosel auch guten Rotwein gibt, beweist der 2002er Spätburgunder vom Weingut Markus Molitor (Flasche 24,50 Euro). Zum Dessert genieße ich eine gelungene Crème brulée (7,80 Euro). Die rein deutsche Weinkarte umfasst rund 100 Positionen: die Hälfte gibt es offen ab 3,10 Euro (Flaschen ab 12,00 Euro). Der Schwerpunkt liegt natürlich auf der Mosel, aber auch namhafte Weingüter aus anderen Anbaugebieten sind vertreten. „Es kommt kein Wein auf die Karte, den wir nicht persönlich kennen", erklärt Silvia Diemer.

Ausflugtipp

Der Moselradweg erfreut sich immer größerer Beliebtheit: Radtouren sind an beiden Ufern der Mosel möglich. Flussaufwärts führt der Radfernweg in Richtung Kröv und Kinheim-Kindel bzw. Wolf und Kinheim-Kindel, flussabwärts in Richtung Kövenig und Reil bzw. Enkirch und Burg. Die Doppelstadt Traben-Trarbach liegt zu beiden Seiten der Mosel am Kopf einer engen Moselschleife. Seit 1898 verbindet eine Brücke die Stadtteile Traben und Trarbach. Obwohl durch Stadtbrände im 18. und 19. Jahrhundert die historische Häusersubstanz weitgehend zerstört wurde, wirkt das Städtchen sehr reizvoll. Viele Neubauten Ende des 19. Jahrhunderts wurden im Jugendstil errichtet und prägen heute das Stadtbild, z. B. das auffällige Brückentor. Neben dem Weinbau spielt auch der Kurbetrieb im Vorort Bad Wildstein eine Rolle. Traben-Trarbach verfügt über 15 markierte Wanderwege mit einer Gesamtlänge von ca. 150 km.

Tourist-Information Traben-Trarbach
Am Bahnhof 5
56841 Traben-Trarbach
Tel.: 0 65 41 / 8 39 80
Fax: 0 65 41 / 83 98 39
E-Mail: info@traben-trarbach.de
www.traben-trarbach.de

Harry's Restaurant

Adresse

Harry's Restaurant
Silvia Diemer
Augustastraße 7
56841 Traben-Trarbach
Tel.: 0 65 41 / 81 57 76
Fax 0 65 41 / 81 57 80
E-Mail: mail@harrys-restaurant.com
www. harrys-restaurant.com

Anfahrt

Von Norden A 1 Köln – Luxemburg Ausfahrt Wittlich, B 50 Zeltingen, B 53 Traben-Trarbach
Von Süden: A 61 Ausfahrt Rheinböllen, B 50 Richtung Trier, Ausfahrt Traben-Trarbach / Wolfer Weg liegt direkt an der Mosel

Preise

Vorspeisen: ab 8,50 €
Suppen: ab 4,50 €
Hauptspeisen: ab 16,80 €
Nachspeisen: ab 6,50 €
Menü: ab 25,60 €

Hotel

DZ 80 - 90 €
EZ 55 €
Insges. 4 Zimmer

Preise incl. Frühstück

Zahlungsmöglichkeit: EC, Kreditkarten

Plätze

Restaurant: 20 Plätze
Terrasse: 16 Plätze

Öffnungszeiten

Do. – So. ab 18.30 Uhr

Bewertung:

Rumpsteak mit Beurre aux fines herbes und „belgischen Fritten"

„Frieten"

WICHTIG!
- Die Kartoffel: BINTJES oder große mehligkochende Kartoffeln
- Das Frittierfett: Am besten geeignet ist „Ossewit" sauberes Rinderfett
- Die Temperatur.

Zubereitung:
- Kartoffel schälen, direkt in 1 cm dicke Stücke schneiden +/- 5 cm lang.
- die Fritten NICHT WASCHEN!
- bei 120° C vorbacken, bis sich die Fritten leicht bräunlich verfärben.
- auf Küchenpapier ausbreiten, abkühlen lassen.
- Abgekühlte Fritten bei 160° C (nicht wärmer! Tierische Fette verbrennen bei 190° C) fertig backen, bis sie goldgelb sind und „singen", für Belgier ein wohltuendes Geräusch.
- In ein großes flaches Sieb geben und mit Salz bestreuen. Gut schütteln, damit das überschüssige Fett abtropfen kann.
- Belgier servieren die Fritten in einer spitzen Papiertüte: „noblesse oblige!"

Kräuterbutter

WICHTIG!
Nur eine gute Butter verwenden.

Zubereitung:
- 2 Schalotten fein schneiden, mit Olivenöl anschwitzen, ohne zu verfärben. Mit einem 1/2 dl Weißwein ablöschen, einkochen lassen, danach abkühlen.
- 250 g weiche Butter luftig aufschlagen.
- Schalotten zufügen
- Mit Salz und Pfeffer würzen
- Je 1 EL frische gehackte Petersilie, Estragon, Schnittlauch, Kerbel
- ein wenig gehacktes Basilikum, evtl. Knoblauch zufügen, gut mischen, in Alufolie geben und zu einer Rolle drehen, die im Kühl- oder Gefrierschrank aufbewahrt werden kann.

Rindersteak

200 g Steak vom Contrefilet schneiden.
Vor dem Grillen sollte das Fleisch Zimmertemperatur haben. Die Grillpfanne, am besten „Antihaft", vorwärmen. Das Fleisch mit „Mycryo" bestreuen oder mit Erdnussöl bestreichen.
Das Steak an beiden Seiten und an den Rändern gut grillen.
Danach auf einem Rost einige Minuten ruhen lassen.
Vor dem Servieren das Steak im vorgewärmten Ofen auf dem Rost kurz erwärmen. Kurz für saignant, etwas länger für medium, (Rindfleisch sollte nie „bien cuit" gebacken werden, das finde ich zu schade für das Fleisch.)
Die Butter auf das Fleisch legen, damit sie langsam schmelzen kann.

Mit Salat servieren.

Mannebacher Brauhaus in Mannebach

Im Zeichen des Barockengels

Wo um Himmels willen liegt denn Mannebach? Der Barockengel weiß es: Auf seinen Flügeln hat er links einen Punkt – und genau da liegt Mannebach. Die Engel-Zeichnung hat nämlich genau die Umrisse des wiedervereinigten Deutschlands – und der Punkt für den kleinen Ort Mannbach liegt im äußersten Südwesten, nahe an Luxemburg und Frankreich. Die Engelfigur hat Hans-Günter Felten entwickelt, der Besitzer vom Mannebacher Brauhaus. Die Zeichnung ist typisch für den kreativen Gastronomen.

Was um Himmels willen ist das Mannebacher Brauhaus? Nun – zu allererst ein total gemütlicher Landgasthof mit kuscheligen Ecken, aber auch ein uriger Biergarten, eine Hundertwasser-Brauerei, ein Hotel mit Antiquitäten, ein hinreißender Wintergarten – kurzum: ein Gesamtkunstwerk.

Und dabei hat alles so harmlos wie überall angefangen: 1897 baute der Urgroßvater von Hans-Günter Felten ein Bauernhaus mit einer Wirtschaft und einer Brennerei. Nach dem Krieg fiel die Landwirtschaft dann weg. Hans-Günters Eltern stiegen in den 60-er bis 80-er Jahren um auf einen Getränkehandel – die Gastronomie lief weiter, betrieben von der Oma und der Mutter. Mit selbst gemachtem gekochten und geräucherten Schinken lockte die Mutter die Gäste an – der Schinken ist heute noch beliebt. Hans-Günter wurde 1957 geboren, ist in Mannebach aufgewachsen. Eigentlich wollte er „was mit Kunst machen" – es blieb bei der Braukunst. Er entschied sich für eine Lehre in Luxemburg als Brauer und Mälzer. Er dachte, die Ausbildung passt zum Getränkemarkt. In Berlin studierte er Brauereitechnologie – nach Ausflügen in die Erlebnisgastronomie und einem Aufbaustudium „Öffentlichkeitsarbeit" ging es zurück ins Elternhaus. Die eigene Brauerei war sein Traum – er hatte viele Ideen, aber wenig Geld. Seine Eltern waren glücklicherweise von der Idee einer

Originelle Inneneinrichtung: der Wintergarten

Brauerei begeistert und unterstützten ihn. Der Startschuss fiel am 1.5.1994 nach einem Jahr Arbeit. Seine erste Brauanlage war damals die kleinste gewerbliche Brauerei – für die Miniaturausgabe einer Hausbrauerei hatte er die Brennerei umgebaut. Damals gab es gerade mal 120 Hausbrauereien – Hans-Günter Felten hat ein kleines Buch darüber geschrieben. Mittlerweile sind sie in Mode gekommen und es gibt heute rund 400 kleine Braueinheiten mit Gastronomie. Das neue Konzept lief direkt gut an – besser als der Brauer gedacht hatte. Schon nach drei Jahren, 1997, konnte er das Provisorium aufgeben und ins Haupthaus umziehen. Der älteste von drei Geschwistern übernahm die Gaststätte von den Eltern. Nun konnte er sich in dem großzügigen Anwesen entfalten. Hans-Günter Felten hätte sicher auch als Künstler seinen Weg gemacht. Mehrere Jahre genoss er eine Gesangsausbildung, hat im Chor vom Trierer Theater gesungen. Er liebt klassische Musik und umgibt sich gerne mit guten Bildern – ein kunstsinniger Gastronom. Seit 20 Jahren sammelt er auch alte Möbel und restauriert sie – und er ist religiös. Die unterschiedlichen Facetten seiner Persönlichkeit finden sich wie Zitate im ganzen Haus wieder. Die einladende Braustube wird dominiert durch die großen kupfernen Braukessel gleich rechts am Eingang. Eingerahmt werden die Kessel von sakralen Elementen wie einer Kirchenbank und einer Balustrade und von bunten Keramiksäulen, die an Friedensreich Hundertwasser erinnern. In der Stube gibt es auch eine Nische, die beliebte Kuschelecke. Und man gelangt in den sehr urigen, sehr niedrigen Gewölbekeller. Den hat der Künstler-Gastronom fast „naturbelassen" eingerichtet. An manchen Stellen des Hauses bleibt der Innenarchitekt Felten sehr reduziert – an anderen schwelgt er geradezu in der Kombination von unterschiedlichen Stilen. Zum Beispiel beim Aufgang zum Hotel: Da kommt man an einer sehr schönen original hölzernen Kirchenkanzel vorbei. Oder die Hotelrezeption: ein antiker hölzerner Altar. Überhaupt das Hotel: Die Zimmer sind alle in unterschiedlichen Stilen mit antiken Möbeln eingerichtet – von deutschem Barock bis zum prächtigen Louis Quinze-Stil. Besonders interessant mit seinem Stilmix von Moderne und Antike ist der Wintergarten, das „Glashaus", wie Hans-Günter Felten sagt. Der Saal wird für Veranstaltungen genutzt: Hochzeiten, Geburtstage. An der Decke des hellen, farbenfrohen Raumes mit moderner Beleuchtung tummeln sich Barockengel, der schön gefliestе Boden gehört ebenfalls zum Barock. Das Ambiente fällt ins Auge – die Gäste kommen aber vor allem ins Brauhaus wegen des frisch gebrauten Biers. Felten braut alles alleine, hat gerade eine Abfüllanlage für Bierflaschen mit Bügelverschluss eingerichtet. Der kreative Braumeister experimentiert auch gerne: „Biesecco" hat er im Programm – eine Mischung aus Bier und Sekt. Seit ein paar Jahren brennt er auch Whisky. 2009, im 111. Jahr des Bestehens des Gasthofes, will er ihn abfüllen. Bestimmt nicht die letzte Idee von Hans-Günter Felten.

Braumeister Hans-Günter Felten am kupfernen Braukessel.

Testnotizen

Ich könnte mich draußen in den urigen Biergarten setzen – am blanken Tisch auf gepflasterten Boden, da wo Handwerker, Hochschulprofessoren und Wanderer einträchtig nebeneinander ihr Bierchen trinken. Aber ich entscheide mich für die ruhige Bauernstube – ich will mich ja mit Hans-Günter Felten unterhalten. Zur Vorspeise probiere ich den Restaurationsteller mit gekochtem und rohen Schinken, Blut-Leberwurst, Käse (7,20 Euro) und Treberbrot, gebacken mit Braurückständen von der Biertreber-Bäckerei im Ort. Das Brot ist sehr ballaststoffreich und hält lange frisch wegen der Feuchtigkeit. Der Kochschinken wird im Hause gekocht nach einem alten Rezept. Dazu probiere ich ein frisches „Mannebacher Helles" untergärig. Als Hauptspeise esse ich den Mannebacher Grillschinken mit warmem Speckkartoffelsalat und dicken Bohnen (9,00 Euro). Der Kartoffelsalat schmeckt etwas säuerlich – das ist regionaltypisch. Der Grillschinken ist im Hause gekocht. Zu dem deftigen Essen trinke ich nun ein dunkles Maibockbier – von Hans-Günter Felten gebraut. Acht verschiedene Biere braut der Meister: Helle und dunkle, ober- und untergärige – ab 2 Euro (0,3 l). Natürlich kann man das Bier auch mit nach Hause nehmen – in der Bügelflasche im Kasten oder in der zwei Liter Nachfüllflasche (4,80 Euro). Vier Weine und zwei Sekte gibt es auch auf der Karte: Schoppenweine (ab 2,10 Euro), Elbling, rot, rosé (Weingut Hausen-Mabilon in Saarburg). Mehr braucht man hier nicht – aber wer will im Brauhaus schon Wein trinken? Im Mannebacher Brauhaus pflegt man eine ländliche, deftige Bierküche – und die Gäste aus einem Umkreis von 100 Kilometern sind glücklich damit.

Ausflugtipp

Der berühmte Jakobsweg führt durch Mannebach. Die Teilstrecke Trier – Perl – Schengen hat eine Streckenlänge von 52 Kilometern. Der Pilgerweg von Trier nach Mannebach beträgt 21 Kilometer. Pilgerer mit trockenen Kehlen kehren gerne im Mannebacher Brauhaus ein. Beliebt sind auch die Radfahrwege an Mosel und Saar durch drei Länder. Von Konz nach Saarbrücken (130 km) kann man an der Saar entlang radeln. Reizvoll ist auch der Rad-Rundwanderweg (129 km) von Ockfen die Saar entlang bis nach Mettlach (Villeroy & Boch, Burg Montclair). Auf dem Saar-Radweg radeln Sie um die berühmte Saarschleife bis nach Merzig (Wolfspark). Entlang des Internationalen Bildhauersymposiums „Steine an der Grenze" geht es zur Obermosel nach Perl. Über Nennig (römisches Mosaik) führt Sie der Radweg entlang der südländisch geprägten Obermosel mit ihren idyllischen Weinorten bis nach Konz am Zusammenfluss von Saar und Mosel. Durch das romantische Konzer Tälchen, ein früheres Tal der Mosel, radeln Sie bis zum Weinort Wiltingen. Am naturgeschützten Altarm der Saar vorbei, erreichen Sie Saarburg. Über Irsch kommen Sie durch das Ockfener Bachtal zum Ausgangsort der Reise.

Saar-Obermosel-Touristik e. V.
Graf-Siegfried-Str. 32
54439 Saarburg
Tel.: 0 65 81/ 99 59 80
Fax: 0 65 81/ 99 59 829
E-Mail: info-saarburg@saar-obermosel.de
www.saar-obermosel.de

Mannebacher Brauhaus

Adresse

Mannebacher Brauhaus
Hans-Günter Felten
Hauptstraße 1
54441 Mannebach
Tel.: 0 65 81 / 9 92 77
Fax 0 65 81 / 992 79
E-Mail: info@mannebacher.de
www.mannebacher.de

Anfahrt

Autobahn A 1 Köln – Luxemburg, Ausfahrt Grevenmacher, über Tawern nach Mannebach

Preise

Vorspeisen: ab 3,40 €
Suppen: ab 2,90 €
Hauptspeisen: ab 7,50 €
Nachspeisen: ab 2,90 €
Menü: ab 19,50 €

Hotel

DZ ab 70 €
EZ 42 €
Insges. 14 Zimmer

Preise incl. Frühstück

Zahlungsmöglichkeit: EC, Kreditkarten

Plätze

Braustube: 35 Plätze
Gewölbekeller: 40 Plätze
Bauernstube: 20 Plätze
Außenplätze:
Biergarten: 100 Plätze
Glashaus: 120 Plätze

Öffnungszeiten

Tgl. ab 11 Uhr durchgehend
Kein Ruhetag

Bewertung:

Zutaten:

1 Grillschinken
einige Lorbeerblätter,
Wacholderbeeren, Zwiebeln
500 g Salatkartoffeln
Kümmel
Essig
Salz, Zucker, Pfeffer
Butter oder Speckwürfel
1 Zwiebel
50 g Fett
750 g enthülste dicke Bohnen
300 g durchwachsener Speck
Bohnenkraut
je 40 g Butter und Mehl

Grillschinken mit warmem Kartoffelsalat und dicken Bohnen

Zubereitung:

Den Grillschinken mit Lorbeerblättern, Wacholderbeeren und Zwiebeln in kochendes Wasser geben und gar koch. Abkühlen lassen, aufschneiden und die Scheiben in der Brühe heiß halten. Kartoffeln waschen, mit etwas Kümmel garen, noch heiß schälen und nicht zu dünne Scheiben schneiden. Mit einer Marinade aus Essig, Wasser, Salz, Zucker und Pfeffer heiß übergießen, kräftig durchrütteln. Mit brauner Butter beträufelt oder mit ausgebratenen Speckwürfeln servieren. Feingewürfelte Zwiebel in heißem Fett andünsten, Bohnen dazugeben, mit Wasser auffüllen, Speck hinzufügen und abgedeckt gar dünsten. Gebündeltes Bohnenkraut 10 Minuten mitdünsten. Wenn Bohnen und Speck gar sind, den Speck aus dem Topf nehmen und in Scheiben schneiden, Bohnenbrühe mit Mehlschwitze binden und den Speck darauf anrichten.

Altes Stadttor
in Kastellaun

Pfälzer Gastlichkeit im Hunsrück

Uschi Mudlack hat es in ihrem Leben nicht immer leicht gehabt – aber davon merkt man nichts, wenn man am Kastellauner Markt in das historische Haus eintritt. Das eine romantische Frau hier das Regiment führt, erkennt man allerdings gleich an der Inneneinrichtung: Viele antike Gegenstände hat sie gesammelt und rundum kreativ drapiert. Alle vier Wochen dekoriert sie um. Ein altes Klavier steht in der Ecke, da spielen Gäste manchmal drauf. Viele Wanduhren, alte Heiligenfiguren: Manche Gegenstände haben Gäste ihr zum Geburtstag geschenkt. Die Patronin begrüßt die Gäste mit echter Herzlichkeit – und dabei spielt es keine Rolle, ob jemand zum ersten Mal den Weg hierher findet oder zum Stammpublikum gehört. Der einzige Unterschied: Stammgäste werden mit Umarmung begrüßt. Man kennt hier „die Uschi". Das Alte Stadttor gehört zu der Kategorie von Landgasthöfen, die sofort eine heimelige Wohlfühl-Atmosphäre verströmen – die Gaststube wird zu einem Stück zu Hause. 1735 wurde das Haus erbaut. Das heutige Restaurant war ursprünglich ein Pferdestall – darüber die Gesindewohnung.

Wahrscheinlich gehörte das Gebäude einer Brauerei. Das nebenan befindliche „Haus Maul" von 1755, in dem heute das „Castellauner Spielzeug- und Stadtmuseum" untergebracht ist, gehörte ursprünglich auch zu dem Anwesen. Ein privater Eigentümer hat das Haus erworben und saniert. Die ersten zwei Pächter boten eine gehobene Küche an – beide Versuche schlugen fehl. „Das billigste Essen für 44 DM, das kannst du im Hunsrück nicht bringen", meint Uschi Mudlack dazu. Die erfahrene Gastronomin pachtet das „Stadttor" seit dem Jahre 2000 – kurz vorher wusste sie noch gar nicht, wo Kastellaun liegt. Die Tochter einer Schwäbin und eines Pfäl-

Ein lauschiger Biergarten mitten in Kastellaun.

zers wuchs bei Grünstadt in der Pfalz auf. Im landwirtschaftlichen Betrieb musste sie als Einzelkind wegen der Krankheit des Vaters viel mithelfen. Sie lernte Hauswirtschaft und heiratete schon mit 17 Jahren. Mit ihrem ersten Mann betrieb sie eine Firma für Garten- und Landschaftsbau. Zwei Söhne hat sie aus dieser Ehe. In Grünstadt war sie sehr aktiv im Vereinsleben. In zehnjähriger Winterarbeit baute die Familie in ihrem Haus eine Gaststätte ins Kellergewölbe. Weil kochen schon immer ihr liebstes Hobby war, machte sie es zu ihrem Beruf und betrieb ab 1995 in dem historischen Gewölbe alleine die Gaststätte. Weil ihre Ehe unglücklich zu Ende ging, verließ sie Grünstadt und suchte eine neue gastronomische Herausforderung. Ihr zweiter Mann Michael Fiedler hatte von dem Stadttor in Kastellaun gehört und kurz entschlossen schauten sie sich die verwaiste Gaststätte an. Uschi liebt alte Häuser – und unterschrieb den Pachtvertrag. Die ersten Jahre kochte sie selbst, ihr Mann organisierte den Service. Seit dem Krebstod ihres zweiten Mannes führt sie den Landgasthof alleine. Im September 2008 heiratete sie Burkhard Mudlack – der gelernte Metzger hilft in Küche und Service. Das „Alte Stadttor" ist Treffpunkt vieler Stammtische. Uschi ist immer für ihre Gäste da: Egal ob jemand um 11 Uhr oder um 16 Uhr Hunger hat – die warme Küche hat durchgehend geöffnet. Besonders auf dem Land, wo häufig schon keine Gaststätte mehr einen Mittagstisch anbietet, ist ein durchgehendes Speisenangebot eine wahre Seltenheit. Uschi lässt sich aber auch sonst immer wieder etwas Besonderes einfallen: Es gibt viele Veranstaltungen mit Livemusik, zum Beispiel Countrymusik, es gibt Menü-Modenschauen und Krimilesungen. Kulinarisch gibt es spezielle Angebote. Zum Beispiel ein „Candle-Light-Dinner" am Valentinstag: Das ganze Restaurant wird nur mit Kerzen beleuchtet, die Speisekarte ist auf den Tag der Liebe eingestimmt. Unter der Woche gibt es jeden Tag verschiedene Aktionen: Dienstag ist „Schnitzel-Jagd" – eine kulinarische Weltreise mit verschiedenen Schnitzeln, z.B. Hawaii oder Indien. Mittwochs kommen Flammkuchen auf den Tisch – im Stadttor nur zu empfehlen. Am Donnerstag freuen sich die Hunsrücker auf den Rumpsteakabend und am Freitag gibt es Fisch – zum Sonderpreis.

Geschmackvoll ländlich eingerichtet sind die neun Gästezimmer. Sie heißen „Kornkammer" oder „Kemenate" und gefallen mit alten Holzdielen und schönen Holzmöbeln. Besonders einladend ist das „Bürgerzimmer" im zweiten Stock unter dem Dach mit einer steilen Treppe und einer Fachwerkwand. Das Zimmer wird gerne von Hochzeitspaaren genutzt. Auf dem Zwischengeschoss hat Uschi Mudlack eine gemütliche Leseecke eingerichtet. Die gemütliche familiäre Atmosphäre in dem kleinen Hotel wird sehr geschätzt – auch von Künstlern wie dem Comedy-Duo Mundstuhl, die gerne mal zum ausspannen kommen.

Fahrradfahrer, Motorradfahrer, Wanderer, Oldtimerfahrer – sie alle kommen zu Uschi. Die Chefin kümmert sich besonders um Kinder: Kinderessen kosten nur 4 Euro – ein Dessert dazu gibt's umsonst. „Auch Familien mit Kindern müssen mal essen gehen können", sagt sie. Und dabei lacht sie erfrischend herzlich.

Ein gutes Team: Uschi und Burkhard Mudlack.

Testnotizen

Ich sitze an einem der blanken Holztische und schaue den Besteckhalter an: Sieht aus wie ein – ähm – Nachttopf. „Die sind aus verschiedenen Jahrhunderten – die sammle ich schon immer", erklärt mir Uschi Mudlack mit leichtem Pfälzer Dialekt, als sie mir das Champignon-Pfännchen mit Knoblauch und Käse (7,00 Euro) überbacken auf den Tisch stellt. „Vorsicht: heiß!", warnt sie mich fürsorglich und stellt mir noch einen frischen Brotkorb dazu – das Dinkelbrot ist selbst gebacken. Ein 2006er halbtrockener Riesling Asselheimer Sankt Stephan (3,20 Euro) vom Weingut Hans Nehb in Grünstadt schmeckt mir zu den frischen Champignons. Uschi bezieht alle ihre Weine aus alter Verbundenheit von dem Weingut in ihrer Pfälzer Heimat. Die rund 15 Weine gibt es alle offen oder in der Flasche. Auch ihren Käse bezieht Uschi vom Markt in Grünstadt. Zur Hauptspeise probiere ich den „Flammkuchen pikant" (10,00 Euro). Er ist eher eine Familienportion und mit gekochtem Schinken, Salami, Käsestreifen und Tomaten-Peperonistücken belegt. Zum Glück ist der im Steinofen gebackene Flammkuchen nicht so scharf – und der Boden ist sehr saftig, weil er mit einer Crème fraîche-Kräuterquark-Yoghurt-Mischung bestrichen wurde. Zum Dessert gibt es hausgemachte schwäbische Waffeln mit heißer Waldbeergrütze und Vanilleeis mit Sahne (5,50 Euro). Die Waffeln sind mit Dinkelmehl gebacken und schmecken mir gut. In der kleinen Küche des Alten Stadttors wird alles frisch zubereitet. Irina Maximow aus der Ukraine hat in Wittenberg Köchin gelernt. Zusammen mit Burkhard Mudlack bereiten sie alle Gerichte frisch zu. Sowohl auf der wechselnden Tages- als auch auf der Standardkarte finden sich häufig einfache, aber klar konzipierte ehrliche Landgerichte für jeden Geschmack.

Ausflugtipp

Die Drei-Täler-Wanderung führt rund um Kastellaun mit einer Höhendifferenz von 136 Metern. Lohnenswert ist der Besuch der Burgruine Kastellaun aus dem 13. Jahrhundert. Von dem Burgberg in 434 Meter Höhe hat man einen schönen Rundblick über die Stadt und die Umgebung. Der ehemalige Palas der Burg dient heute als Freilichtbühne für Theateraufführungen. In der 2007 wieder aufgebauten Unterburg werden im „Haus der regionalen Geschichte" auf vier Etagen kulturhistorische Sehenswürdigkeiten zu den Themen Kelten, Römer, Ritter und Kalter Krieg ausgestellt.
In den Burgkeller ist die Gastronomie eingezogen und bietet unter anderem Rittermahle in mittelalterlichem Ambiente. Eine Henkersmahlzeit der besonderen Art erleben Gruppen ab 15 Personen bei einem „Kerkeressen" im historischen Burgkeller der Kastellauner Burg. Das viereinhalbstündige Abendprogramm inklusive Kerkeressen, Getränken, Burg- und Stadtführung sowie Beruhigungsschluck kostet 29,75 Euro pro Person.

Tourist-Information Region Kastellaun
Marktstraße 16
56288 Kastellaun
Tel.: 0 67 62 / 40 16 98
oder 401 873
Fax: 0 67 62 / 40 18 72
E-Mail: kastellaun@tkn-rlp.de
www.kastellaun.com

Altes Stadttor

Adresse

Hotel Landgasthof Altes Stadttor
Uschi Mudlack
Marktstraße 4a
56288 Kastellaun
Tel.: 0 67 62 / 93 13 0
Fax 0 67 92 / 93 13 22
E-Mail: info@altesstadttor.de
www.altesstadtor.de

Anfahrt

A 61, Ausfahrt Laudert

Preise

Vorspeisen: ab 6,50 €
Suppen: ab 3,50 €
Hauptspeisen: ab 6,50 €
Nachspeisen: ab 2,00 €
Menü: ab 12,00 €

Hotel

Einfach: DZ 70 €
EZ 45 €
Insges. 9 Zimmer

Preise incl. Frühstück

Zahlungsmöglichkeit: EC, Kreditkarten

Plätze

Restaurant: 75 Plätze
Gewölbe: 15 Plätze
Außenplätze: Zelt 100 Personen
Biergarten: 90 Plätze

Öffnungszeiten

Tgl. 8 – 24 Uhr
Kein Ruhetag

Bewertung:

Für ca. 4 Personen

Zutaten:
1-2 Zwiebel
2 Tomaten
Basilikumblätter
150 g Mozzarella

Für den Teig:
800 g Dinkelmehl Typ 1050
ca. 10-12 Eier
eine Prise Salz
Mineralwasser je nach Bedarf

Dinkelspätzle mit Tomaten Mozzarella überbacken

Zubereitung:
Teig gut durchkneten, bis er geschmeidig ist. Teig ein bisschen ruhen lassen.
Wasser kochen. Spätzle entweder mit Brett schaben oder Spätzleschlitten füllen und schaben, bis Spätzle im heißen Wasser nach oben steigen. Spätzle mit kaltem Wasser abschrecken.
Servierpfanne mit Zwiebelscheiben auslegen, Spätzle darauf verteilen und mit Tomatenscheiben von zwei Tomaten belegen. Darüber Mozzarella in Scheiben legen. Im Backofen überbacken, bis es leicht braun ist. Mit Basilikum verzieren und mit einem leckeren Salat der Saison servieren. Guten Appetit.

Savannah in Abentheuer

Georgia – der Hauch des amerikanischen Südens

SAVANNAH steht stolz über dem Jagdschloss ähnlichen Gebäude in einem Park außerhalb des Ortes. Abentheuer im Südwesten des Hunsrücks hat wohl nicht allzu viel gemeinsam mit der Stadt Savannah in dem amerikanischen Staat Georgia im Südosten der USA, unmittelbar nördlich von Florida. „Die schönste Stadt Nordamerikas", so betitelte die französische Zeitung Le Monde die Hafenstadt, die ihren Namen „Savannah" aufgrund der weiträumigen Marschlandschaft erhielt. Abentheuer hat gerade mal 462 Einwohner – und der Atlantik ist weit. Trotzdem finden sich auf der Speisekarte des Landgasthofes „Savannah" „vom Winde verwehte" Gerichte wie „Scarlett" (Putensteak), „Butler" (Schweineschnitzel) und „Southern Potato" (Ofenkartoffel). Das Südstaaten-„Feeling" haben die im Hunsrück stationierten amerikanischen Streitkräfte nach Abentheuer gebracht: Nur wenige Kilometer entfernt befindet sich der ehemals geheime Natobunker Börfink – bis in die 90-er Jahre diente er als Kommandozentrale. Baumholder mit über 12.000 Amerikanern ist auch nicht weit entfernt. So ist es nicht verwunderlich, dass die Familie Dickheiwer die amerikanischen Südstaaten als Thema für ihr Haus gewählt hat. Karl-Heinz Dickheiwer stammt aus Aachen – sein Vater war Bergmann. Die Familie zog nach Dortmund – dort absolvierte Karl-Heinz seine Ausbildung zum Koch. In verschiedenen Dortmunder Spitzenbetrieben sammelte er die nötige Berufserfahrung. 1964 traf er auf der Straße zufällig die zwanzigjährige Birgitt: „Sie hatte Hunger – ich hatte etwas zu essen", erzählt Karl-Heinz schmunzelnd. Es war wohl Liebe auf den ersten Bissen – nur sechs Wochen später heirateten sie. Und das, obwohl Birgitt nicht vor ihrem 35. Lebensjahr heiraten wollte. Geboren

Im „La Cachette" herrscht die gediegene Atmosphäre eines historischen Jagdhauses.

ist sie in Twistringen, aufgewachsen in Syke – beide Orte liegen in der Nähe von Bremen.

Ihr Vater war Musiklehrer, sie arbeitete damals in Düsseldorf als Sportlehrerin. Bald nach der Hochzeit kamen in den 60-er Jahren auch die Kinder Bianca, Nikolaj und Saskia zur Welt. Karl-Heinz Dickheiwer bestand 1968 die Meisterprüfung – vier Jahre später „lockte" ihn die an der Nahe beheimatete Familie Pieroth auf die Kautzenburg nach Bad Kreuznach. Birgitt arbeitete in Bad Kreuznach weiter als Lehrerin. Eigentlich wollten sie 1975 zurück nach Dortmund, entschieden sich aber dann für die Selbstständigkeit und pachteten die Gastronomie in der Nahetalhalle in Idar-Oberstein. Hier übernahm Birgitt erstmals den Service.

Familienteam: Karl-Heinz, Nikolaj und Birgitt Dickheiwer.

Keine leichte Umstellung für eine Lehrerin – aber es gelang ihr doch erstaunlich schnell. 1978 kam Karl-Heinz Dickheiwer per Zufall nach Abentheuer: Er wollte einen gusseisernen Ofen kaufen. „Wollen Sie nicht gleich das ganze Haus kaufen?", fragt ihn spontan der Besitzer des Ofens und des Hauses. Dickheiwers schauten sich um: Das historische Anwesen wurde ca. 1820 als Jagdhaus vom Freiherrn von Hammerstein erbaut. Später nutzte die Familie seiner Frau das Gelände für eine Eisengießerei und ein Sägewerk. 1968 erwarb die Familie Scharnberg das Gebäude und richtete einen gastronomischen Betrieb ein – 1978 wurde das Restaurant geschlossen und das etwas runtergekommene Haus stand zum Verkauf. Ein halbes Jahr dauerte es, bis sich Dickheiwers zum Kauf entschließen konnten. Fast ein Jahr dauerten dann die Renovierungsarbeiten. Im Mai 1980 eröffneten sie „La Cachette", ein französisches Spezialitäten-Restaurant. Châteaux Briand und Froschschenkel standen auf der Speisekarte – trotz des abgelegenen Standortes lief es ganz gut. Über die Region hinaus wurde das Restaurant bekannt. Als in den 90-er Jahren der Natobunker geschlossen wurde, ging der Umsatz um 30 % zurück. Die Familie bot nun auch etwas einfachere Gerichte an. Neben dem feinen La Cachette eröffneten sie 2002 das gemütliche Savannah – ein moderner Landgasthof mit frischer Regionalküche und unverkennbarem amerikanischen Akzent. Wo sich heute der Gastraum befindet, konnte man früher mit der Kutsche durch das Gebäude fahren, damit die Jagdgesellschaft des Freiherrn trockenen Fußes aussteigen konnte. Jetzt finden auch die Abentheurer den Weg zu Dickheiwers und erfreuen sich an der kreativen Alltags-Küche. Von der Pizza über Burger bis zu raffinierten Gerichten ist alles im Repertoire. Seit 1998 ist Sohn Nikolaj in der Küche mit eingestiegen. Er hat beim Vater Koch gelernt und dann in der Schweiz in verschiedenen Sternehäusern die hohe Kochkunst studiert. Das ländlich-mediterrane Ambiente mit einer hübschen Bar und Ölbildern von Birgitt Dickheiwer an den Wänden schätzen junge und ältere Gäste aus der Umgebung. Das kulinarische Angebot in dieser Region ist nicht so groß. Die Möglichkeiten des weitläufigen Geländes mit zwei Restaurants und dem Park mit uraltem Baumbestand in eindrucksvoller Höhe nutzen viele für Familienfeiern wie Hochzeiten und Geburtstage. Wenn die Festgesellschaften plaudernd im Park stehen, fühlt man sich ein wenig an eine Filmszene aus dem Südstaaten-Epos „Vom Winde verweht" erinnert.

Testnotizen

Man kann im Savannah auch auf der Terrasse sitzen – für das Südstaaten-Feeling fehlt dann nur noch ein Schaukelstuhl. Ich entscheide mich aber für einen Tisch im Gastraum. Das Restaurant ist lang und schmal, durch die Terrakotta-Fliesen und die dunklen Holztöne wirkt es gemütlich. Karl-Heinz Dickheiwer bringt mir zur Vorspeise Fingerfood mit verschiedenen Dips (5,50 Euro). Sieht lecker aus und schmeckt auch so: Sesamröllchen mit Gemüsefüllung, Fischröllchen, Geflügelcrossies, angerichtet auf einem Bananenblatt, gedipt in eine Cocktailsauce oder der süßen Chili-Sauce – ein gelungener Auftakt. Dazu probiere ich einen trockenen 2007er Riesling Kreuznacher Kronenberg vom Weingut Anton Finkenauer (3,50 Euro) – fruchtig frisch mit wenig Säure. Der Hauptgang ist interessant: Strudel von Blut- und Leberwurst auf westfälischem Püree (15,50 Euro). Das westfälische an dem Püree sind der Speck, die Zwiebel und die Kräuter. Der Strudel schmeckt mir ausgezeichnet, ebenso das Ingwer-Sauerkraut und die beiden glacierten Apfelscheiben. Der Gang ist gelungen komponiert und entspricht dem Leitsatz „klassische Küche neu interpretiert". Dazu trinke ich einen 2003er Rivaner Classic vom Weingut Bischof-Klein in Bretzenheim / Nahe. Die Weinkarte ist mit sieben offenen Positionen (ab 3,00 Euro) überschaubar. Die Weine kommen von Nahe, Frankreich, Italien – und natürlich Kalifornien. Wer unbedingt eine Flasche von der umfangreicheren Weinkarte des La Cachette trinken möchte, bekommt sie natürlich. 12 leckere Cocktails stehen auf der Getränkekarte – und natürlich sieben amerikanische Whiskys. Zum Nachtisch genieße ich noch marinierte Erdbeeren auf Vanilleeis (6,50 Euro).

Ausflugtipp

Von der Nahequelle in Nohfelden bis zur Mündung in den Rhein in Bingen ist der Nahe-Radweg 120 Kilometer lang. Er führt auch an Birkenfeld vorbei. Im Hunsrücker Teil ist die Strecke eher für sportliche Fahrer geeignet – ab Idar-Oberstein rollt es gemütlich flussabwärts. Rund um Birkenfeld gibt es verschiedene Wanderrouten mit unterschiedlich langen Strecken von 1,7 km bis hin zu 17 km, die besonders Naturliebhaber begeistern werden. Sehenswert in Birkenfeld sind: das Birkenfelder Schloss (1821 erbaut) – wird heute für Veranstaltungen genutzt und ist Sitz der Kreisverwaltung, die Birkenfelder Burgruine mit wunderschönem Blick auf die Stadt und den Hochwald sowie das Birkenfelder Museum. Das Gebäude ist einem römischen Landhaus nachempfunden. Neben vor- und frühgeschichtlichen Funden der Kelten und Römer wird auch die Heimat- und Volkskunde mit der interessanten Ausstellung „2500 Jahre Kulturgeschichte und Handwerk im Birkenfelder Land" dargestellt.

Touristen-Informationsbüro
Friedrich-August-Straße 17
55765 Birkenfeld
Tel.: 0 67 82 / 9 83 45 70
Fax: 0 67 82 / 9 83 45 73
Email: info@birkenfelder-land.de
www.vgv-birkenfeld.de

Savannah

Adresse

Savannah
Birgitt Dickheiwer
Böckingstr. 11
55767 Abentheuer
Tel.: 0 67 82 / 57 22
Fax 0 67 82 / 94 40
E-Mail: lacachette@t-online.de

Hotel

Einfach: DZ 60 €
EZ 38 €
Insges. 3 Zimmer

Preise incl. Frühstück

Zahlungsmöglichkeit: nur bar

Anfahrt

A 62 Nonnweiler – Landstuhl / Ausfahrt
Birkenfeld / B 41 Richtung
Birkenfeld, links nach Abentheuer

Plätze

Restaurant: 44 Plätze (Savannah)
Terrasse: 30 Plätze (Familienfeiern: bis 70 Plätze)
La Cachette: 30 Plätze

Preise

Vorspeisen: ab 2,50 €
Suppen: ab 3,00 €
Hauptspeisen: ab 7,50 €
Nachspeisen: ab 2,50 €
Menü: ab 25,00 €

Öffnungszeiten

Tgl. ab 17 Uhr / Sa. ab 18 Uhr
So., Feiertag 11.30 – 14 Uhr / 17 Uhr
Mo. Ruhetag

Bewertung:

Zutaten:

40 g gestreiften Rauchspeck
ca. 600 g Spitzkohl oder Weißkohl
1 kleine Zwiebel
2 Scheiben frischen Ingwer
20 ausgesuchte kleine Kartoffeln
4 Blätter Frühlingsrollenteig 30 x 30 cm
200 ml Sahne
1 Ei
100 g Hähnchenbrust (Putenbrust)
ca. 500 g Spießbratenwurst (Pfälzer Spezialität)
Öl, Butter
Salz, Pfeffer, Zucker, gemahlener Kümmel, ganzer Kümmel, Cayennepfeffer, Rosmarinzweig, Frühlingszwiebeln, Petersilie
250 g Jus oder Grundsauce (alternativ Lacroix)

Spießbratenroulade im Teigmantel auf Ingwer-Spitzkohl und Rosmarinkartoffeln

Zubereitung:

Ingwer-Spitzkohl:
Speck und eine kleine fein geschnittene Zwiebel, 2 Scheiben frischer Ingwer anschwitzen. Spitzkohl oder Weißkohl hinzufügen und auf mittlerer Hitze dünsten. Abschmecken mit Salz, Pfeffer, Prise Zucker und gemahlenem Kümmel nach Belieben. Ingwerscheiben aus dem Spitzkohl nehmen. Mit Sahne verfeinern.

Rosmarinkartoffeln:
Kleine Kartoffeln mit Salz und ganzem Kümmel abkochen, pellen, anbraten in Öl und mit Salz und Pfeffer abschmecken. Zum Schluss gehackten Rosmarin hinzu geben.

Spießbratenroulade im Teigmantel:
Zerkleinerte Geflügelbrust mit Salz, Pfeffer und Cayennepfeffer, kalter Sahne und Ei in einem Mixer zu einer homogenen Masse mixen, bis eine glatte Masse entsteht (Farce). Auf dem Frühlingsrollenteig die Geflügelfarce aufstreichen und mit etwas gehackter Petersilie und Frühlingszwiebeln bestreuen. Danach eine etwa 4-5 cm große rechteckig geschnittene Spießbratenwurst darauf legen, einschlagen und einrollen. Bei ca.160 Grad in tiefem Fett schwimmend ausbacken (Friteuse).

Rosmarinjus:
Jus leicht reduzieren und mit gehacktem Rosmarin, Petersilie, Cayennepfeffer und Salz nach eigenem Geschmack verfeinern.

Espenhof in Flonheim

Eine Oase im Hügelland

Rheinhessen ist nicht unbedingt reich an kulinarischen Oasen. Zwischen den welligen Weinhügeln isst man in vielen Weinstuben eher einfach-deftig – dagegen ist im Prinzip auch nichts zu sagen. Aber manchmal soll es eben etwas ansprechender sein: Speisen, Wein und Ambiente in der „Es(s)klasse". „Es" steht in diesem Fall für die Familie Espenschied im beschaulichen Uffhofen (Ortsteil von Flonheim) mit ihren S-Klasse Weinen und ihrem Landgasthof. Die Familie bietet im Espenhof genau dieses entscheidende bisschen mehr: Ein Landgasthof im besten Sinne mit gehobener ländlicher Küche und modernem Ambiente, familiärer Atmosphäre und herausragenden Weinen. Der joviale Wilfried Espenschied und seine Frau Heike sind Motor dieses „Gesamtkunstwerks" aus Wein, Stein und Gastlichkeit. Schon im Jahre 1600 wird die Familie Espenschied im Siefersheimer Kirchenbuch erwähnt. Den gemischten Acker- und Weinbaubetrieb in Uffhofen übernahm 1975 der Agraringenieur Wilfried Espenschied in der 7. Generation. Im gleichen Jahr lernt er seine Frau Heike kennen – auch sie stammt aus einem Winzerbetrieb: Weingut Christ in Flonheim, das heute von ihrem Bruder betrieben wird.

Den Espenhof bauten sie systematisch zu einem selbst vermarktenden Weingut um. Die Ackerflächen wandelten sie zu Obstplantagen und verpachteten sie. In den 90-er Jahren kamen Ferienwohnungen hinzu: Sie animierten ihre Kunden zum Besuch des Weingutes und sorgten mit den Übernachtungsmöglichkeiten für die nötige Kundenbindung. Sie wollten ihren Gästen schon immer essen, Wein trinken und schlafen an einem Ort anbieten. Dann bot sich die Gelegenheit: Ein Bauernhof mit Poststation, der schon immer als schönstes Gebäude im Ort galt, stand 2000 zum Verkauf. Espenschieds verwandelten die ein paar Meter von ihrem Weingut entfernte Hofreite in einen schmucken Landgasthof mit gemütli-

Weingenuss in der rheinhessischen Provinz.

chen Übernachtungszimmern. In der Poststube finden jetzt Feiern statt, die Küche ist im Weinkeller untergebracht, am Platz der ehemaligen Scheune ist das freundliche Restaurant entstanden. Der rheinhessische Vorzeigebetrieb imponiert mit der Liebe zum Detail. Die Wände im Restaurant nehmen die Farben und Strukturen der Weinlagen um Flonheim auf – man sieht quasi die Böden an den Wänden. Heike Espenschied schwebten die bunten Herbstfarben im Weinberg vor. Die von Ernst Friedrich von Garnier aus Fürfeld gestalteten Wände schaffen eine originelle Wein-Atmosphäre im Restaurant. Für die gastliche Atmosphäre sorgt die Chefin mit ihrem Team. Als gastronomische Quereinsteigerin ist sie ein ehrlicher Typ, authentisch, offen. Bei der Arbeit am Gast ist sie nicht gestelzt: Sie möchte den Gästen das Gefühl geben, sich „gut aufgehoben zu fühlen, wie in einer Familie". Und das gelingt ihr im Espenhof ausgezeichnet. Dies bestätigen die vielen Gäste aus der ganzen Umgebung, zu denen schon Prominente wie Kurt Beck, Joschka Fischer und Oskar Lafontaine gehörten. Die fleißige Familie hat ihr Ziel erreicht: Sie müssen nicht mehr mit ihren Weinen zu ihren Kunden fahren – die Gäste kommen zu ihnen, genießen die Gastlichkeit und kaufen den Wein.

Die ländlich-gemütlich in warmen Holztönen eingerichteten Gästezimmer, das ganz auf Wein zugeschnittene Restaurant, die Vinothek im Weingut und die Hochzeits-Scheune mit ihren 120 Plätzen für große Feiern: Espenschieds haben in der rheinhessischen Abgeschiedenheit ein ungewöhnliches Genusszentrum um den heimischen Wein geschaffen. Eine ungewöhnliche Leistung in drei Jahrzehnten. In den letzten Jahren hat sich die Kellertechnik und die Weinqualität – vor allem der Burgunder und Rieslinge – kontinuierlich verbessert. Folgerichtig hat Wilfried Espenschied 2006 den Kellermeister Thomas Weltner eingestellt, um die positive Entwicklung des 23 Hektar großen Weingutes auch in der Zukunft zu sichern. Mit dem seit 2008 im Espenhof tätigen Küchenchef Sebastian Kauper will die Familie in der Küche neue Wege gehen. Der ambitionierte junge Münchner hat schon in Sterneküchen wie der Ente vom Lehel, Burg Schwarzenstein und Amador gearbeitet und will nun mit neuen Ideen in Rheinhessen richtig Gas geben. Er pflegt eine modern interpretierte Landküche und achtet schon beim Einkauf darauf, nur beste Ware zu bekommen. Bezahlbare Gerichte, für jeden etwas: vom einfachen bis zum gehobenen Geschmack. Verstärkung wächst dem Vorzeigebetrieb aus der Familie nach: Tochter Lena Marie studiert Hotelmanagement, Sohn Nicolas studiert nach vollendeter Winzerlehre Weinbau in Geisenheim. Beide engagieren sich schon jetzt im Betrieb und werden Landgasthof und Weingut mal weiterführen – ein Glücksfall für die Winzerfamilie.

Eine glückliche Winzerfamilie: Nicolas, Lena Marie, Wilfried und Heike Espenschied.

Testnotizen

Ich sitze am dunkelbraunen Holztisch, eine kleine weiße Tischdecke aus dickem Stoff liegt quer über dem Tisch. Ländliche Küche kann sehr geschmackvoll sein.

Ich entscheide mich für das Weinmenü (37 Euro) mit passenden Weinen – kostet 10 Euro extra. Mit gebratener Blutwurst mit Champagnerlinsen und Röstzwiebeln grüßt mich Sebastian Kauper lecker aus der Küche. Als Vorspeise probiere ich eine Riesling-Kartoffel-Suppe mit gebackener Kuttelpraline und Röstzwiebeln. Der Riesling- und Kartoffelgeschmack harmonieren gut miteinander. Trotzdem schenkt mir Wilfried Espenschied einen Grünen Silvaner S dazu ein, „man muss nicht Riesling mit Riesling kombinieren", meint er. Und damit hat er recht – die schöne klare Frucht des Silvaners passt gut zur Suppe.

Auf Rosenthal-Porzellan serviert mir Heike Espenschied die Hauptspeise: Kalbsrücken und geschmorte Milchkalbsbrust mit Kratzede und Romanosalat. Die Kratzede sind sehr locker-luftig, da hat der bayrische Koch ein Händchen für. Das Fleisch ist sorgfältig gegart und der Espenhof Grauburgunder S 2007 ein toller Begleiter. Ich probiere auch einen Rotwein: ein 2006er Portugieser Flonheimer Rotenpfad – fast unglaublich, wie gut ein Portugieser sein kann. Der Nachtisch kommt ordentlich aufgeräumt auf dem ovalen Teller daher: Tarte Tatin, Rhabarberscheiben mit Vanilleeis pur – dazu eine Huxelrebe Beerenauslese 2003 – ein schöner Abschluss. Ich diskutiere noch mit Wilfried Espenschied über die Bewertung der Weinkarte: Nahezu alle 17 weißen, 18 roten, 4 rose und 6 edelsüßen Weine gibt es auch offen.

Alle wichtigen Rebsorten sind vertreten, sogar Exoten wie Cabernet Dorio – die Weinkarte lässt keine Wünsche offen. Kann man die volle Punktzahl geben, obwohl nur die eigenen Weine auf der Karte stehen? Ich denke, bei diesem kompletten Angebot kann man.

Ausflugtipp

„Rheinhessische Schweiz" heißt das Naherholungsgebiet rund um Alzey. Schon seit den 20-er Jahren wird die Region so genannt, weil sie sich durch den Wald, Täler und Bäche vom rheinhessischen Hügelland unterscheidet. Ein gut ausgebautes Wanderwegenetz lockt hier besonders, weil fast alle Wege zu Winzern, also zum Wein führen. Sehenswürdigkeiten sind die Trulli aus Sandstein in den Flonheimer Weinbergen, erbaut nach italienischem Vorbild. Die spätgotische Ruine der Beller Kirche in Eckelsheim, erbaut 1490, lohnt ebenso einen Besuch wie die Kreuzkapelle am Wißberg bei Gau-Bickelheim. Zwei Nordic Walking-Routen wurden in Erbes-Büdesheim angelegt. Auf den gut ausgebauten Wegen gibt es Radwanderwege in verschiedenen Schwierigkeitsstufen. Empfehlenswert ist die 16 Kilometer lange Rundstrecke Wöllstein – Beller Kirche – Eckelsheim – Wonsheim – Neu-Bamberg – Wöllstein.

Zweckverband
Erholungsgebiet
„Rheinhessische Schweiz"
Bahnhofstr. 10
55597 Wöllstein
Tel.: 0 67 03 / 30 20
Fax: 0 67 03 / 30 21 4
www.rheinhessische-schweiz.org

Espenhof

Adresse

Espenhof
Landhotel und Weinrestaurant
Heike Espenschied
Hauptstraße 76
55237 Flonheim-Uffhofen
Tel.: 0 67 34 / 96 27 30
Fax 0 67 34 / 940 450
E-Mail: info@espenhof.de
www.espenhof.de

Anfahrt

A 61 Abfahrt Bornheim / durch Flonheim durch / Ortsmitte Uffhofen

Preise

Vorspeisen: ab 7,80 €
Suppen: ab 4,90 €
Hauptspeisen: ab 18,00 €
Nachspeisen: ab 6,80 €
Menü: ab 29,00 €

Hotel

Einfach: DZ ab 94 €
EZ 64 €
9 Zimmer

Preise incl. Frühstück

Zahlungsmöglichkeit: EC, Kreditkarten

Plätze

Restaurant: 50 Plätze
Poststube: 20 Plätze
Innenhof: 60 Plätze
Weingut:
Vinothek: 25 Plätze
Hochzeits-Scheune: 120 Plätze

Öffnungszeiten

Tgl. ab 17.30 Uhr
So., Feiertag ab 12 Uhr durchgehend
Mo. Ruhetag

Bewertung:

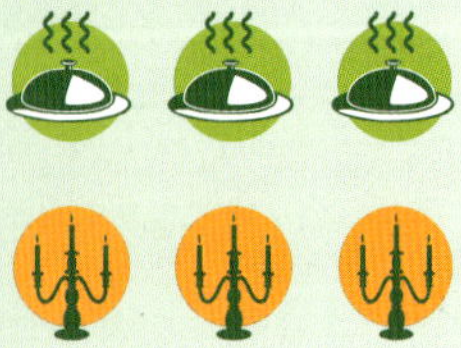

Flonheimer Rehbock mit Wirsing, Pfifferlingen und Schupfnudeln

Zutaten für 4 Portionen:
1kg Rehrücken
Pfeffer, Salz
Öl, Butter zum Braten
Rosmarin, Thymian und Knoblauch
Pfifferlinge
350 g Pfifferlinge
40 g feingewürfelte Schalotten
30 g Butter
Thymian, Rosmarin
Wirsing
500 g Wirsing
40 g Butter
60 ml Geflügelbrühe
Salz, Pfeffer
Rehjus
1kg Rehknochen
je 100 g Knollensellerie und Karotte in groben Würfel
200 g Schalotten in groben Würfel
20 g Tomatenmark
200 ml trockenen Rotwein
0,5 l Geflügelbrühe
0,5 l Wildfond
Thymian, Lorbeer, frischer Knoblauch
Pfeilwurzmehl zum binden

Zubereitung:
Den Rehrücken von Sehnen und überschüssiger Haut befreien und in vier gleiche Teile portionieren, mit Salz und Pfeffer würzen und in der Pfanne bei mittlerer Hitze von beiden Seiten kurz anbraten. Später im vorgeheizten Backofen bei 130 Grad Umluft für ca.10 Min. garen. Vor dem Anrichten etwa 3 Min. ruhen lassen und danach aufschneiden.

Die Pfifferlinge mit einem trockenen Tuch von der Erde befreien, sehr schmutzige Exemplare kurz in Wasser mit wenig Mehl waschen und trockenlegen. Eine Pfanne auf mittlere Hitze erwärmen, Butter, Pfifferlinge und Kräuter hinzugeben. Zum Schluss die Schalotten dazugeben und mit Salz und Pfeffer würzen. Die gewaschenen Wirsingblätter vom Strunk befreien, in dünne Streifen schneiden und in Butter langsam andünsten, Brühe angießen und mit Salz, Pfeffer abschmecken. Für die Rehsauce Knochen im Backofen bei 180 Grad ca. 1 Stunde lang rösten, währenddessen die Schalotten in Öl ohne Farbe anschwitzen, bis sie glasig sind. Sellerie und Karotte hinzugeben und mitdünsten. Dann das Tomatenmark ebenfalls dazugeben, bis es leicht anhängt, mit Rotwein ablöschen und diesen fast komplett einreduzieren lassen. Mit Wildfond und Brühe aufgießen und ca. 3 Std. langsam köcheln lassen. Zum Abschluss durch ein Tuch passieren und auf die gewünschte Konsistenz einreduzieren. Sauce gegebenenfalls mit in Wasser gelöstem Pfeilwurzmehl binden.

Dazu Schupfnudeln servieren.

Restaurant Römerhof in Worms-Hochheim

Vom Döner zum Landgasthof

Das auf dem Lande eine Gaststätte aufgegeben wird und stattdessen ein Döner Schnellimbiss eröffnet wird, ist heutzutage nicht mehr ungewöhnlich. Das es auch anders herum geht, ist eher die Ausnahme. In Worms-Hochheim hat Semira Philippi-Arslan genau dieses Kunststück fertiggebracht. Sie schaffte den Aufstieg vom Döner-Imbiss Aladin-Bistro zum angesehenen Landgasthof mit anspruchsvoller Küche. Eine Geschichte aus dem Morgenland in Rheinhessen wie aus Tausendundeiner Nacht.

Semira stammt aus dem Südosten der Türkei – 1963 wurde sie in Midyat an der Grenze zu Syrien und dem Iran geboren. 1970 wurde sie „nachgeholt" und kam nach Deutschland. Erst lebte die Familie in Füssen, dann heiratete sie einen Landsmann und zog nach Paderborn. Sie lernte Einzelhandelskauffrau bei Aldi Nord in Paderborn, wird später Filialleiterin. Der Einzelhandel machte der Türkin Spaß, aber sie kocht auch gerne. Sie wollte sogar mal Köchin werden – aber da kam die erste Schwangerschaft dazwischen. Als ihre Ehe scheiterte, ging Semira mit ihrer Tochter Daniela zurück zu ihren Eltern nach Worms-Hochheim. Sie arbeitete im Aladin Bistro ihrer Eltern – ein Döner-Restaurant. Die Familie sind Aramäer, syrisch-orthodoxe Christen, ihr Patriarch sitzt in Damaskus. Die Aramäer sind die Nachfahren eines antiken Volkes. Zur Zeit Jesu war die aramäische Sprache von Palästina bis zum Perserreich und darüber hinaus verbreitet. Jesus und seine Jünger sprachen eine Form des Aramäischen – es gibt ein aramäisches Christentum von Anfang an. Für die Volksgruppe ist die Situation in der Türkei nicht einfach: Selbst heute wird der historisch bewiesene Völkermord an den Aramäern bestritten – seit 1997 darf aramäisch nicht mehr unterrichtet werden. Semiras Familie war über ihre Scheidung nicht begeistert. Aber die junge Frau gibt nicht auf. Im Aladin kommt ein Schreiner jeden Tag zum essen. „Was der

Charmanter Service: Daniela Arslan.

alles gegessen und getrunken hat", wundert sich Semira. Aber Michael Philipi, geborener Hochheimer, kommt nicht nur, weil er Hunger hat – er kommt auch wegen ihr. Die beiden heiraten 1997, 2001 wird ihre Tochter Lisa-Marie geboren. Zu der Zeit verrottete ganz in der

Nähe vom Aladin der geschlossene, runtergekommene Römerhof vor sich hin. Das Haus wurde ursprünglich 1897 von Leonard Leger als Metzgerei und Gastwirtschaft gebaut. Später kam ein Saal dazu – viele ältere Hochheimer haben sich hier beim Tanz kennengelernt und später ihre Hochzeit im Römerhof gefeiert. Nach dem Krieg wurde der Saal als Lager für eine Porzellanfirma genutzt – die Gastwirtschaft blieb offen. Der Saarländer Albert Seluga betrieb den Römerhof von 1959-1976, verpachtete dann und schließlich stand das Haus 6 Jahre lang zum Verkauf. Schlecht für die ortsansässigen Vereine: Es gab keine Gastronomie mehr in Hochheim – nur noch Aladin, das Döner-Bistro. Albert Seluga war häufig zu Gast im Aladin – er bot das Haus Semira und Michael zum Kauf an. Die Preisvorstellungen waren zuerst weit auseinander – man traf sich schließlich in der Mitte. 2002 verkaufte er an Michael Philippi und seine Frau. Der Stammtisch war natürlich begeistert. Jetzt stand die Grundsanierung des Hauses an. Als gelernter Schreiner, Messebauer und Sohn eines Architekten fiel es Michael nicht schwer, mit Hand anzulegen. Der Eigenanteil bei der Sanierung lag bei 60 %. Erst hatte das Paar den Plan, den „Aladin" in den Römerhof zu verlegen – und gab ihn bald wieder auf: Das Döner-Bistro blieb, wo es war. Im Januar 2003 war die Wiedereröffnung des Römerhofs. Der Anfang war schwierig: Nach sechs Jahren Leerstand musste die Stammkundschaft erst wieder aufgebaut werden. Erst war eine einfache Küche ohne viel Schnick-Schnack geplant. Sie stellten einen Koch ein – und der hat Stück für Stück den Römerhof mit aufgebaut. Heute wird hier eine gehobene, klassische Küche mit frischen Zutaten gekocht – leicht mediterran angehaucht. Die Gäste sollen verwöhnt werden, sollen sich wie zu Hause fühlen. Der alte Römerhofstammtisch ist nach langen Dönerjahren wieder zurückgekommen in seine angestammte Stube. Der Saal ist wieder für die Leute da: Beerdigungen, Hochzeiten, Tauf- und Geburtstagsfeiern finden hier wieder statt. Die Atmosphäre ist familiär, nicht so steif – das schätzen die Gäste, auch junge Leute, die oft von außerhalb bis von Mannheim kommen. Der freundliche Service von Semira Philippi-Arslan gefällt den Gästen – ihr Mann Michael hilft ab und an mit und zapft mal ein Bier. Seit ihrer Krankheit 2006 schont sich Semira – ihre Tochter Daniela kümmert sich mit großer Energie und jugendlichem Charme um die Gäste. Sie hat im Dorint in Mainz Hotelfachfrau gelernt. Eigentlich wollte sie danach in die große weite Welt der Gastronomie, ins Ausland, nach Mallorca. Aber sie wird jetzt zu Hause gebraucht. In Hochheim ist die gastronomische Welt wieder in Ordnung – im Hof kann man im Biergarten unter einem großen Kastanienbaum viele leckere Gerichte speisen. Nur keinen Döner – den gibt's um die Ecke im Aladin.

Römerhof-Familie: Lisa-Marie, Michael Philippi, Semira Philippi-Arslan, Daniela Arslan.

Testnotizen

Ich sitze mit Semira Philippi-Arslan im Gastraum – die erfrischende Tochter Daniela bringt den „Gruß aus der Küche". „Den gibt es immer – was er eben so da hat." Dieses Mal hat Küchenchef Jean-Pierre Erlenmeyer aus Straßburg eine Kräuter-Gemüse-Kaltschale mit Tomaten-Concasse und Tomatenconfit da – gut gewürzt, aber harmonisch. Die Vorspeise schmeckt so gut, wie sie sich liest: Ruccolaschaumsüppchen mit Lachs-Carpaccio und Kräuteröl (6,90 Euro). Dazu trinke ich einen passenden 2007er Spätburgunder Blanc de noir (3,90 Euro) vom Weingut Bog in Flörsheim-Dalsheim. Die Hauptspeise ist ein mächtiges neuseeländisches Lamcarrée mit Zitronenthymiankruste und mediterranem Gemüse (25,50 Euro). „Gutes Lammfleisch kostet halt", erklärt mir die Patronin. Das Fleisch ist super gegart und schmeckt gut. Dazu probiere ich einen passablen 2007er Cabernet Sauvignon trocken vom Weingut Axel Müller in Flörsheim (3,90 Euro). Den dopelten süßen Abschluss bilden die Dessert-Variation mit Mousse au Chocolat, Crème brulée und Erdbeeren (9,50 Euro) sowie eine 2005er Huxelrebe Beerenauslese – auch aus Flörsheim-Dalsheim. Auf der Weinkarte stehen 18 Weine, die es alle offen oder in der Flasche gibt (ab 2,60 Euro bzw. 10,90 Euro). Semira Philippi-Arslan und ihre Tochter Daniela kümmern sich um den Weineinkauf. Vier rheinhessische und ein Pfälzer Winzer sind vertreten. Dazu kommen immer aktuelle Empfehlungen. Weil es die Gäste mögen und häufig nachfragen, stehen viele Brände und sechs Single-Malt-Whiskys auf der Karte, z. B. Dalwhinnie (15 Jahre – 5,50 Euro) und Cragganmore (15 Jahre – 5,90 Euro).

Ausflugtipp

Die Nibelungenstadt Worms gilt als eine der ältesten Städte Deutschlands. Seit 2002 sorgen die Nibelungenfestspiele im Schatten des Domes für einen spektakulären Kulturhöhepunkt im Sommer. Der Wormser Dom St. Peter ist das bedeutendste Bauwerk der Wormser Romanik und eng mit der Blütezeit der Wormser Stadtgeschichte während des 12. und 13. Jahrhunderts verbunden. Mit dem Dom verbinden sich große geschichtliche Ereignisse, z. B. die Papstwahl (Leo IX.) im Jahr 1048, das Wormser Konkordat im Jahr 1122, der Reichstag zu Worms (1521), bei dem sich Martin Luther vor Kaiser Karl V. verantworten musste, was den Bruch in der abendländischen Kirche zur Folge hatte.

Als „Klein-Jerusalem" verfügt Worms in der Jüdischen Welt bis heute über eine erhebliche Ausstrahlung und große Bekanntheit. Zwischen der Zeit um 1000 und den finsteren Jahren der NS-Herrschaft bestand hier kontinuierlich eine bedeutsame Jüdische Gemeinde, von der trotz aller Zerstörungen noch sehr viele sichtbare Zeugnisse künden.

Tourist-Information Worms
Marktplatz 2
67547 Worms
Tel.: 0 62 41 / 2 50 45
Fax: 0 62 41 / 2 63 28
E-Mail: touristinfo@worms.de
www.worms.de

Restaurant Römerhof

Adresse

Restaurant Römerhof
Semira Philippi-Arslan
Binger Straße 56
67549 Worms-Hochheim
Tel.: 0 62 41 / 30 69 87
Fax 0 62 41 / 30 69 89
E-Mail: info@roemerhof-worms.de
www.roemerhof-worms.de

Anfahrt

A 61 Krefeld – Ludwigshafen, Ausfahrt Worms Nord / Abenheim, Richtung Herrnsheim, durch Herrnsheim durch nach Hochheim, Ortseingang links

Preise

Vorspeisen: ab 9,80 €
Suppen: ab 5,00 €
Hauptspeisen: ab 11,90 €
Nachspeisen: ab 6,50 €
Menü: ab 30,00 €

Zahlungsmöglichkeit: EC, Kreditkarten

Hotel

Keine Gästezimmer

Plätze

Restaurant: 45 Plätze
Saal: 200 Plätze
Außenplätze: Biergarten 100 Plätze

Öffnungszeiten

Di. – Sa. ab 17.30 Uhr
So. 11.30 – 14 Uhr
ab 17.30 Uhr
Mo. Ruhetag

Bewertung:

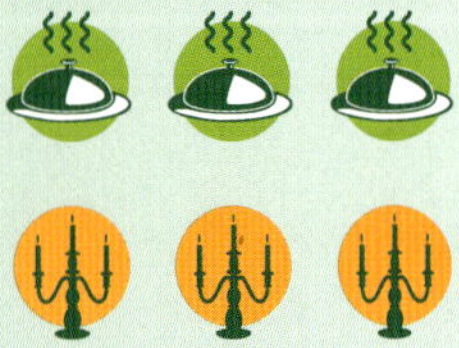

Rezept für 4 Personen

Zutaten:
800 g Rinderhüfte
4 große Riesengarnelen
Zitronengras
Knoblauch
Olivenöl
Weißwein
Estragon
Schalotten
Zitronensaft
weißer Balsamico-Essig
bunte Pfefferkörner
350 g Butter
4 Eigelb

Tranchierte Rinderhüfte vom argentinischen Rind mit marinierten Gambas und Sauce béarnaise

Zubereitung:

1. Arbeitsschritt:
   Rinderhüfte in 4 Stücke schneiden, kurz anbraten, würzen, 8 Minuten im heißen Backofen mit Olivenöl, Rosmarin & Thymian braten
2. Arbeitsschritt:
   Eine Marinade vorbereiten für die Gambas aus Zitronengras, Weißwein, Olivenöl & Knoblauch (am besten ein Tag vorher zubereiten)
3. Arbeitsschritt:
   Sauce béarnaise:
   Butter zerlassen, Schalotten in Würfel schneiden, Estragon klein hacken, eine Reduktion kochen von Weißwein, Schalotten, gehacktem Estragon und Pfefferkörnern.
   Eigelb mit der Reduktion emulgieren,
   langsam die zerlassene Butter hinzufügen,
   abschmecken mit Salz/Pfeffer, frische Petersilie & Zitronensaft.

Schlosshotel Rockenhausen in Rockenhausen

Wo der Rubel kocht

Christoph Rubel wirkt nicht gerade so, wie man sich den klassischen Schlossherrn vorstellt: Mit seiner weißen Kochjacke und dem unruhigen Blick, der permanent nach allen Seiten sichert, ob alles in Ordnung ist, verkörpert er eher den modernen Typus des Kochlöffel-Managers. Er sieht jung-dynamisch aus und führt mich mit federnden Schritten durch die Gebäude. Es gibt eine klare Trennung: Das moderne Hotel aus dem Jahre 2000 mit viel Glas und Metall – und das alte Rockenhauser Schloss mit dicken Mauern und einem markanten Turm. Die Anfänge der ehemaligen Wasserburg gehen auf 1243 zurück. Später baute der Junker Hans Jakob von Thurn 1571 anstelle der alten Wasserburg ein Wohnschlösschen. Im 30-jährigen Krieg beschädigt (1618-1648) und anschließend im Pfälzischen Erbfolgekrieg (1688-1697) weitgehend zerstört, wurde es erst Anfang des 18. Jahrhunderts wieder aufgebaut. Mit Nebengebäuden wie Kellerhaus, Stallungen, Zehntscheuer – alles umgeben von einem breiten Wassergraben.

Nach mehreren Besitzerwechseln kam das Schloss 1956 wieder in den Besitz der Stadt Rockenhausen und wurde lange Jahre als Rathaus, Bücherei und Altentagesstätte genutzt. Dann geschah etwas Ungewöhnliches: Dem Engagement, den Ideen und Initiativen einiger Bürger, allen voran des Bürgermeisters, ist es zu verdanken, dass ein Weg gefunden wurde, das Wasserschloss als Barockschloss zu erhalten und als gastronomischen Betrieb für die Bevölkerung zu nutzen. Eine Investorengruppe sammelte Geld für das ehrgeizige Projekt – Bürger der Stadt kauften Kleinanteile von 1.000 Euro. An Stelle der alten, verschwundenen Nebengebäude wurde ein modernes Hotel errichtet. Der Bau des Frühstücksraums verband nun als Brücke aus Stein und Glas das Alte mit dem Neuen. Wassergraben und Teich erinnern an die ehemalige Wasserburg. Jetzt

Der neue Glasanbau spiegelt das historische Gebäude.

fehlte nur noch ein Pächter. Einer der gleichermaßen Koch- und Managerqualitäten in einer Person vereinigte, um ein Renommierobjekt in dieser Größenordnung zu führen. Christoph Rubel brachte eine Eigenschaft mit, die sich zumindest nicht störend auf seine Qualifikation auswirkte: Er ist Pfälzer – 1963 in Kaiserslautern geboren und dort aufgewachsen. Seine Eltern haben rein gar nichts mit Gastronomie zu tun: Vater Lehrer – Mutter Erzieherin. Trotzdem wollte Christoph Koch lernen. Weil er noch zu jung war, absolvierte er erst eine Ausbildung zum Konditor – um gleich danach Koch zu lernen. Im Münchner Restaurant Tantris („Tempel der Tafelfreuden") und im Hamburger Landhaus Scherrer sammelte er wichtige Erfahrungen in der Top-Gastronomie. Ein wichtiger Schritt für seine heutige Aufgabe war die Weiterbildung zum Betriebswirt in der Hotel-Gastronomie – ein Lehrerkind weiß, wie wichtig eine gute Ausbildung ist. „Jetzt oder nie!", dachte er, als das Schlosshotel Rockenhausen zur Pacht ausgeschrieben wurde. 1990 hatte er Jutta geheiratet – eine Erzieherin. Sie haben zwei Kinder: Anna und David. Er beriet sich mit seiner Frau (sie stammt aus Winnweiler) und unterschrieb den Pachtvertrag – gleich für zehn Jahre. Ein neues Haus, neues Personal: Der Anfang war hart – der Gästestamm musste erst aufgebaut werden. Aber heute läuft die Kombination von gutem Essen und attraktivem Hotel sehr gut. Für Hobbys bleibt Christoph Rubel keine Zeit: Er begrüßt die Gäste im Restaurant, er steht in der Küche – doch halt: Ein Hobby pflegt er intensiv – die Liebe zum Wein. Seine Liebeserklärung ist eine seitenlange Weinkarte und listet europäische Spitzenweine auf: vom 2005er Dalsheimer Hubacker Riesling vom Weingut Keller für 31,50 Euro über das 2003er Cuvée X vom Weingut Knipser für 51,50 Euro bis zum Château Petrus 2005 für stattliche 1.650 Euro die Flasche – es gibt aber auch einen 2007er Riesling Kabinett vom Weingut Schmidt in Obermoschel für 13,50 Euro. Christoph Rubel zeigt mir den Amtskeller, in dem die guten Tropfen lagern und leckere Weinproben stattfinden. Auf unserem Rundgang kommen wir in die Küche und ich kann Erstaunliches beobachten: Der Chef erkennt mit einem Blick, das sein Team unter Druck steht. Sofort lässt er mich stehen und arbeitet als Rädchen in diesem Küchenuhrwerk mit. Mit ballettartigen Bewegungen bereitet die 7-köpfige Crew ein Gericht nach dem anderen zu – mein Testessen ist auch mit dabei und ich kann beobachten, mit welcher Präzision hier gearbeitet wird. Nach der Arbeits-Einlage des Chefs geht unser Schloss-Rundgang weiter: Die Hotelsuite mit Himmelbett, buchbar für Pauschal-Arrangements mit verlockenden Namen wie: „Romanze für Zwei", „Lodernde Leidenschaft" und „Schokoladentraum". Beim Gang durch die Kornkammer im Obergeschoss des historischen Teils und bei der Besichtigung der Schlossstube kann ich verstehen, warum die Rockenhausener von dem Schloss als ihrem Schmuckstück sprechen. Dem persönlichen Engagement von Christoph Rubel und seinem Team ist es zu verdanken, dass im Schlosshotel nicht nur die Architektur überzeugt, sondern dass die alten Mauern mit frischem kulinarischen Leben erfüllt werden.

Engagierter Schloss-Pächter: Christoph Rubel.

Testnotizen

Ich sitze am gemütlichen Stammtisch und freue mich auf ein leckeres Menü. Die kompetenten Damen vom Service heißen Mareika und Janet – Vornamen, die auf ein jugendliches Alter schließen lassen. Als Amuse-Gueule wird eine leckere Lachspraline serviert. Christoph Rubel pflegt eine gehobene, feine Küche mit mediterranen Anklängen – die rustikale Küche ist nicht sein Stil. Zur Vorspeise genieße ich eine sehr schmackhafte Spargel-Lachs-Terrine an Salatbouquet (9,50 Euro) – dazu trinke ich einen passenden 2007er Grauburgunder trocken vom Weingut Klostermühle in Odernheim (5,20 Euro – 0,25 l). Der Küchenchef persönlich hat den Schwertfisch filetiert, der auf geschmolzenen Kirschtomaten sanft angebraten serviert wird (17,50 Euro). Das saftige Fischfilet bereitet mir viel Freude und der 2006er Spätburgunder Nr. 1 vom Weingut Hahnmühle (6,80 Euro), ein harmonischer Rotwein, passt sehr gut zum Fisch. Das Dessert ist eine hübsch anzusehende Variation von Erdbeeren und Rhabarber (6,50 Euro). Von dem ausgezeichneten Finale fühle ich mich richtig verwöhnt.

Die von Christoph Rubel persönlich zusammengestellte umfangreiche Weinkarte lässt kaum Wünsche offen: Fast 30 offene Weine ab 2,80 Euro für den in der Pfalz üblichen Viertelliter – das ist moderat kalkuliert. Ausgesuchte regionale Weine aus sechs deutschen Weinanbaugebieten ab 13,50 Euro bilden einen Schwerpunkt der Flaschenweinkarte, auf der sich ebenso eine sehr umfangreiche Sammlung europäischer Topweine aus Frankreich, Italien und Spanien findet. Auf seiner Weinkarte verwirklicht der Patron seinen sehr hohen persönlichen Anspruch.

Ausflugtipp

Für eine Kleinstadt mit rund 5.500 Einwohnern bietet Rockenhausen im Donnersbergkreis eine stattliche Anzahl interessanter Museen. Im Kahnweiler Haus, benannt nach dem Kunsthändler Daniel-Henry Kahnweiler, ein Freund und Förderer Pablo Picassos, gibt es wechselnde Ausstellungen. Das Turmuhrenmuseum in der Nähe des Schlosshotels fasziniert mit einer Sammlung von über 50 Turmuhren – die Größte mit über 3 Metern – sowie Stand- und Wanduhren, Sand-, Wasser- und Sonnenuhren. Im Museum Pachen können mehr als 2000 Werke von 280 deutschen Künstlern des 20. Jahrhunderts bestaunt werden: zum Beispiel Otto Dix, Käthe Kollwitz und Max Slevogt. Die Exponate wurden vom Ehepaar Pachen gesammelt. Darüber hinaus können das Nordpfälzer Heimatmuseum und das Steinemuseum in Dörrmoschel besichtigt werden. Der Künstler Uwe Naumann stellt in der Galerie „galerotika" aus. Seine Arbeiten verbinden Poesie und Humor mit dem Thema Erotik.

Touristinfo Rockenhausen
Bezirksamtsstraße 7
67806 Rockenhausen
Tel.: 0 63 61 / 4 51-2 14 oder -2 52
Fax: 0 63 61 / 4 51-2 70
touristinfo@rockenhausen.de
www.rockenhausen.de

Schlosshotel Rockenhausen

Adresse

Schlosshotel Rockenhausen
Christoph Rubel
Schlossstraße 8
67806 Rockenhausen
Tel.: 0 63 61 / 92 92 0
Fax: 0 63 61 / 92 92 11
E-Mail: info@schlosshotel-rockenhausen.de
www.schlosshotel-rockenhausen.de

Anfahrt

von Norden kommend z.B. über die A61, Abfahrt Bad Kreuznach oder über die A63, Abfahrt Winnweiler, bzw. über die A6, Abfahrt Enkenbach / Alsenborn, jeweils die B48 nach Norden fahrend.
Den Hotelparkplatz direkt vor dem Haus erreicht man über den Rognacplatz.

Preise

Vorspeisen: ab 9,50 €
Suppen: ab 4,00 €
Hauptspeisen: ab 12,50 €
Nachspeisen: ab 6,50 €

Menü: ab 34,90 € (Schlossmenü 4-Gänge) – 44,90 € incl. Weine

Hotel

DZ 93,50 €
EZ 64,50 €
25 Zimmer
1 Suite 149,00 €

Preise incl. Frühstück

Zahlungsmöglichkeit: EC, Kreditkarten

Plätze

Schlossstube: 40 Plätze
Kornkammer: 35 + 20 Plätze
Wintergarten: 40 Plätze
Außenplätze: Terrasse 60 Plätze
Biergarten: 60 (Events)

Öffnungszeiten

Mo. – So. 11.00 – 14.30 Uhr und 18.00 – 22.00 Uhr

Bewertung:

Zutaten:
1 Seezunge à 800 g oder
4 Filets
1 Stück Mangold
300 g Zanderfilet
450 ml Sahne
0,2 g Safran gemahlen oder Safranfäden
Salz, Pfeffer, Weißwein, Noilly Prat (franz. Wermut)
1 Eigelb, 1 Zwiebel
2 Stück Staudensellerie
Champignon
Knoblauch
Öl, Butter

Seezunge abziehen, filetieren – Gräten & Filets in gleich große Stücke schneiden. Die 300 g Zanderfilets in Würfel schneiden, mit Salz und Pfeffer würzen – und 15 Minuten anfrosten. Das angefrostete Filet fein pürieren – ein Eigelb zugeben – nach und nach die 250 ml gekühlte Sahne dazugeben – so dass eine feine, glatte Masse entsteht!

Die sogenannte Fischfarce kaltstellen.

Mangoldblätter 30 Sekunden blanchieren und in Eiswasser abschrecken. Blätter auf einem Küchenkrepp zu einer quadratischen Matte auslegen.

1/2 g Safran mit einem EL Noilly Prat aufkochen und abkühlen lassen.
1/3 der Fischfarce zur Seite stellen. Den Rest mit dem Safran mischen.

Klarsichtfolie ausbreiten, den Krepp von der Mangoldmatte entfernen und auf die Folie legen.
Die Safranfarce ca. 5 mm dick auf der Mangoldmatte aufstreichen,
die 4 Filets mit Salz und Pfeffer würzen und diagonal auf die Safranfarce legen.
Die restliche Farce dünn auf die Filets streichen.

Die weiße Farce quer über dem unteren Ende verteilen. Das Ganze von unten nach oben zu einer kompakten Rolle wickeln.
Ca. 30 Min. in 85 Grad heißem Wasser garen.

Die gewässerten Gräten mit einer Zwiebel, etwas Staudensellerie, Champignon, Knoblauch und 2 EL Öl andünsten.
Mit 100 ml Weißwein und 100 ml Noilly Prat ablöschen und 300 ml Wasser dazugeben.

Das Ganze zum Kochen bringen, 20 Min. ziehen lassen – passieren und den Sud auf 100 ml einkochen. Mit 200 ml

Sahne auffüllen und nochmals auf die Hälfte reduzieren.
Zum Schluss mit 50 g kalter Butter mixen und abschmecken!

Hausgemachte Tagliatelle abkochen!

Anrichten:
Die Roulade in 8 Scheiben schneiden und auf dem Teller platzieren. Die Tagliatelle als Nestchen drehen und anrichten. Die Sauce unterhalb der Roulade angießen.

Seezungenroulade

Landgasthof Zum Ochsen in Hauenstein

Von Ochsen, Pferden und Lederschuhen

Jahrhunderte lang war Hauenstein ein kleines Waldarbeiter-Dorf – bis 1886: Die Gebrüder Seibel gründeten die erste Schuhfabrik – der Aufstieg der Pfälzer Gemeinde zu Deutschlands größtem Schuhdorf neben Pirmasens begann. Thomas Engel zeigt auf das Bild vom „Ochsen", wie er vor 115 Jahren ausgesehen hat: eine einfache Schenke mit Bauernhof. „Meine Urgroßeltern haben 1893 angefangen – wir sind die vierte Generation", erzählt er mir. Sieben Jahre nach der ersten Schuhfabrik bauten Mathias und Maria Engel ihren Bauernhof mit Gastwirtschaft: Wo viel gearbeitet wird, wollen die Menschen auch gut essen und trinken – besonders in der Pfalz, natürlich auch anderswo. Vier Jahrzehnte lang betreuten die Gründer den Betrieb – dann übernahmen Sohn Richard mit Frau Natalia 1934 die Gaststätte. Auch nach dem Krieg florierte die Schuhindustrie – Engels vergrößerten 1956 ihren Landgasthof und richteten die ersten Fremdenzimmer ein. 1974 war es an Sohn Walter, gelernter Metzger und Koch, und seiner Frau Maria, die Familientradition weiterzuführen.

Doch schon 1978 ereilte ihn ein früher Tod. Maria Engel führte den Betrieb weiter – eine schwierige Zeit für die Familie. Die drei Kinder Thomas, Christof und Judith halfen mit zunehmendem Alter mit. Thomas, 1965 geboren, wollte schon immer Koch werden – der Vater war beim Berufswunsch wohl das Vorbild. Nach seiner Ausbildung in Hauenstein zog es den Jungkoch in die schillernde Welt der feinen Gastronomie: Traube in Tonbach, renommierte Häuser in der Schweiz, Sternerestaurant „Alde Gott" in Neuweier. Mit der Küchenmeisterprüfung schloss er seine Wanderjahre ab. 1989 bauten die beiden Brüder noch gemeinsam den Landgasthof großzügig aus – ein paar Jahre später machte sich der jüngere Bruder Christof mit

Seit über 115 Jahren in Hauenstein: Zum Ochsen.

dem Ausflugslokal „Paddelweiher-Hütte" in Hauenstein selbstständig. Zu der Zeit lernt Thomas auch seine Heidi kennen.

Wie er kommt sie aus einer Gastronomie-Metzgerei Familie – aber aus Sindelfingen in Schwaben. Ihr Vater ging immer auf die Jagd in der Pfalz, so lernt die Bürokauffrau Hauenstein kennen. 1997 heiraten die beiden und übernehmen das Traditionshaus „Zum Ochsen" in der vierten Generation. Die dritte Generation in Person von „Oma Maria" ist, so sagt sie selbst, „freiwillige kreative Mitarbeiterin". Die fünfte Generation heißt übrigens Vanessa und Franziska.

Großfamilie Engel: Einschließlich der 5. Generation mit Freude bei der Sache.

Auf die Schuhindustrie können sich die Engels heute nicht mehr verlassen – an die vergangenen goldenen Jahre erinnert nur noch das Schuhmuseum in Hauenstein. Urlauber, Einheimische und Geschäftsleute bestimmen heute das Bild der Gäste. Engels leisten einen Spagat zwischen dem Portemonnaie der Pfälzer und den Ansprüchen der Stuttgarter – beide Klientel werden hier gut bedient und bekommen, was sie wollen. Viele nutzen die Räumlichkeiten für Familienfeiern – von der Hochzeit bis zur Beerdigung. Thomas und Heidi Engel ergänzen sich sehr: Er ist „liebenswert stürmisch" (Widder mit zwei Hörnern), sie ist der Harmoniemensch (Löwe). Er ist ein „echter Pfälzer", in der Region verwurzelt – sie hat den Blick von außen, bringt schwäbischen Schwung ins Haus. Er ist zupackend – auch schon mal zuviel: Vom Handball spielen blieb eine Verletzung am Augenlid. Er fährt gerne Rad – sie und die Töchter reiten gerne. Neben dem Hotel betreibt die Familie Engel den Reiterhof „Jubo Ranch". Sie züchtet Quarter Horses und bietet Reiterferien an. Ideal für Pferdefreunde: Sie können im Hotel logieren, und ihre vierbeinigen Begleiter werden versorgt mit Gastpferdeboxen, Weideplätze, Boxen mit Paddock, einem Reitplatz und natürlich mit leckerem Heu und frischem Stroh.

Der Landgasthof „Zum Ochsen" gehört zu 36 Betrieben, die sich unter dem Motto „NatUrlaub bei Freunden – Die Pfalz zu Pferd" zusammengeschlossen haben, um die Region für Pferdefreunde attraktiver zu machen. Alle beteiligten Betriebe haben sich hohe Qualitätsmaßstäbe sowohl in der Pferde- als auch in der Gästeunterbringung gesetzt. Das große Netz der Reitwege in der Pfalz führt vorbei an vielen Burgruinen, wie der Falkenburg, dem großen Rauhberg oder Lindelbrunn, sowie zu verschiedenen Hütten des Pfälzer Waldvereins, bei denen man zu deftigen Speisen einkehren kann. Nicht nur beim Freizeitprogramm engagiert sich Thomas Engel in und für die Region. Nach Möglichkeit kauft er Fleisch (z.B. Wild aus der Region) von heimischen Anbietern – während der Saison natürlich Obst und Gemüse, davon gibt es ja in der Pfalz sehr viel. Als Mitglied der Vereinigung „Kurpfälzer Landpartie" pflegt er die regionale Küche – mit Unterstützung der Edel-Essige von Georg-Heinrich Wiedemann vom Doktorenhof. An einem Monat im Jahr bietet der Hauensteiner Koch ein besonderes Essen, zum Beispiel ein Essig-Menü an. Für Hobbyköche gibt Thomas Engel auch Kochkurse – da war sogar schon mal eine ganze Handballmannschaft dabei – wahrscheinlich gab es Klöße.

Testnotizen

Ich sitze in dem typischen ländlichen Familienbetrieb und schaue mich um. Die Holzdecke in der Stube sieht ganz schön aus: „Pfälzer Eiche gewachst", erklärt mir die humorvolle Heidi Engel und stellt mir die Vorspeise auf den Tisch. Saumagen-Carpaccio mit Zauberblüten-Vinaigrette (Essig natürlich vom Doktorenhof) und buntem Salatbouquet (7,50 Euro). Ich bin nicht der größte Saumagenfan: Aber er gehört in die Region und schmeckt mir gut – wie das Zwiebelbaguette vom Bäcker. Dazu probiere ich einen leckeren trockenen Weißburgunder Kabinett Kirrweiler Römerweg (4,00 Euro – 0,25 l). Zum Hauptgang gibt es Schweinemedaillons unter der Kräuterkruste (14,80 Euro). Die Kräuter haben es mir besonders angetan: Petersilie, Kerbel, Thymian und viele andere hat Thomas Engel frisch verarbeitet. Manche kommen aus dem eigenen Kräutergarten, manchmal sammeln Heidi Engel und die Töchter Kräuter auch schon mal im Wald. Die Sauce hat der Küchenchef mit Essig verfeinert. Einen Roten zum Fleisch: der 2007er St. Laurent vom Birkweiler Königsgarten vom Weingut Kleinmann (4,00 Euro) ist zwar noch jung – zeigt aber schon viel Potenzial. Zum Nachtisch hat der Küchenchef ein Parfait von dem Essig mit den Namen „Engel küssen die Nacht" mit Rhabarber-Erdbeer-Ragout (5,80 Euro) zubereitet – schmeckt toll. Die edelsüße 2006er Rieslaner Spätlese vom Weingut Ziegler verfeinert den Genuss. Um die Weine kümmert sich Thomas Engel persönlich. Die Auswahl mit 12 offenen Weinen aus der Pfalz von drei Weingütern (ab 2,50 Euro), dazu 9 Flaschenweinen ist überschaubar, die Qualität aber akzeptabel. Darüber hinaus hat der Patron immer einen Wein des Monats im Angebot und für anspruchsvollere Gäste gibt es noch ein „Geheimfach" mit 10 hochwertigen Barriqueweinen.

Ausflugtipp

Wie aufwändig es ist, Schuhe zu produzieren, zeigt eindringlich das Deutsche Schuhmuseum in Hauenstein. In einer im Bauhausstil errichteten ehemaligen Schuhfabrik wird die beeindruckende Entwicklung und der historische Werdegang der Schuhgeschichte sinnlich erfahrbar gemacht. Ratternde Maschinen, die Darstellung der sozialen Lebensumstände der Fabrikarbeiter und tausende von Schuhen aus zwei Jahrtausenden auf rund 3000 Quadratmetern lohnen den Besuch. Seit 2008 wird auch der größte Schuh der Welt (741 cm lang) ausgestellt. Der Premium-Wanderweg „Hauensteiner Schusterpfad" ist eine 15 km lange Rundtour mit abwechslungsreicher Wegführung. Der Wasgau mit seinen Wäldern und Buntsandsteinen lockt.
In über 20 Schuhhäusern in der „Schuhmeile" und 10 Geschäften in der „ShoeCity" stehen über eine Million Schuhe zum Verkauf – sogar an Sonn- und Feiertagen ist bis Ende Oktober von 13 bis 18 Uhr geöffnet.

Verbandsgemeinde
Hauenstein
Schulstraße 4
76846 Hauenstein
Tel.: 0 63 92 / 9 15-0
Fax: 0 63 92 / 9 15-160
Email: fremdenverkehrsbuero
@hauenstein.rlp.de
www.hauenstein-pfalz.de

Landgasthof Zum Ochsen

Adresse

Landgasthof – Hotel Zum Ochsen
Thomas Engel
Marktplatz 15
76846 Hauenstein
Tel.: 0 63 92 / 5 71 oder 92 33 0
Fax: 0 63 92 / 72 35
E-Mail: Landgasthof-Zum-Ochsen@t-online.de
www.Landgasthof-zum-Ochsen.de

Anfahrt

A 65 Ausfahrt Landau / B 10 / Ausfahrt Hauenstein

Preise

Vorspeisen: ab 3,20 €
Suppen: ab 2,50 €
Hauptspeisen: ab 6,80 €
Nachspeisen: ab 2,00 €
Menü: ab 15,80 €

Hotel

DZ 74-94 €
EZ 49-60 €
Insges. 17 Zimmer

Preise incl. Frühstück

Zahlungsmöglichkeit: EC, Kreditkarten

Plätze

Pfälzer Stube: 45 Plätze
Raum Quaich: 26 Plätze
Saal: 89 Plätze
Außenplätze: Biergarten: 40 Plätze
Bistro: 14 Plätze

Öffnungszeiten

Tgl. ab 7 Uhr
Do. Ruhetag November – Ostern

Bewertung:

Zutaten:

100 g Brombeeren, 100 g Heidelbeeren, 100 g Himbeeren, 100 g Johannisbeeren und 100 g Erdbeeren gut waschen und trocken legen. Pro Teller ca. 100 g Beeren der Saison nach eigener Kreation verteilen.

Weinbrandparfait:

4 Eigelbe
150 g Zucker
1 Vanilleschote (Mark)
1/2 Teel. Vanillezucker
80 ml Sahne
500 ml Milch
8 cl Pfälzer Weinbrand

Pfälzer Beeren mit Gewürztraminer-Sabayone gratiniert und Weinbrand-Parfait

Für das Parfait die Milch und die halbierte Vanilleschote zusammen aufkochen. Vanilleschote entfernen.
Die Eigelbe mit dem Zucker und Vanillezucker schaumig rühren. Nach und nach die heiße Milch-Mischung hinzufügen. Über Wasserdampf weiterrühren, bis die Masse bindet und den Rücken eines Kochlöffels überzieht – das heißt zur Rose aufschlagen.
In Eiswasser kalt rühren, die steif geschlagene Sahne unterheben und zum Schluss mit dem Pfälzer Weinbrand aromatisieren. In kleine Tassen, Förmchen oder Stangenform füllen und im Gefrierfach gefrieren.

Gewürztraminer-Sabayone:

150 ml Gewürztraminer
4 Eigelbe
20 g Puderzucker
Spritzer Zitronensaft

Für das Gewürztraminer-Sabayone den Zucker und die Eigelbe gut verrühren, den Wein und Zitrone dazugeben und im heißen Wasserbad so lange rühren, bis die Masse stockt. Den Schaum über den vorbereiteten Beerenteller geben und bei starker Oberhitze im Salamander gratinieren, das Weinbrandparfait in der Tellermitte platzieren, mit Pfefferminze garnieren, mit Puderzucker bestäuben.

Reuters Holzappel
in Pleisweiler-Oberhofen

Fränkische Kochkunst in Pfälzer Töpfen

Urige, gemütliche Weinstuben mit Fachwerkromantik und deftiger Pfälzer Küche gibt es in der Südpfalz einige – urige, gemütliche Weinstuben mit Fachwerkromantik und anspruchsvoller regionalen Landküche dagegen muss man wie einen guten Wein suchen. Ein lauschiger Innenhof mit Weinlaub, ein Fachwerkhaus von 1742, blanke Holztische – alles perfekte Zutaten für pure Pfälzer Weinromantik. Auf den ersten Blick sieht der Gast das Erwartbare. Auf den zweiten Blick fallen Unterschiede auf: Die Stube wirkt entstaubt, ist reduziert auf Fachwerk, weiße Wände und großformatige Bilder. „Ich brauche Licht", sagt Ulrike Reuter. Noch ein Unterschied: Auf der Karte findet sich keine Pfälzer Schlachtplatte. Nach etwas mehr als 10 Jahren in der Südpfalz haben es Wolfgang und Ulrike Reuter geschafft: Die Gäste aus der Pfalz und der weiteren Umgebung erfreuen sich an der gehobenen Küche im Weinstubenambiente.

Ursprünglich war das Haus ein landwirtschaftlicher Mischbetrieb mit Wein- und Schnapsproduktion und einer kleinen Wirtschaft. Die Mutter des Schweigener Winzers Friedrich Becker stammt aus dem Haus – sein Vater hat hier „gefensterlt". Wolfgang Reuter ist ein Franke: Er kommt aus einem kleinen Brauerei-Gasthof in Rügland/Unterbibert bei Ansbach. Sein älterer Bruder Ludwig ist Brauer und betreibt heute die Brauerei. Wolfgang lernte Koch in Rothenburg ob der Tauber. Anschließend sammelte er Erfahrungen in attraktiven Häusern: Posthotel Garmisch-Partenkirchen, Seehotel Überfahrt am Tegernsee / Herrenalb,

Patronin Ulrike Reuter kümmert sich um die Weinkarte.

Grand Hotel Victoria-Jungfrau in Interlaken/Schweiz, Friedrichsruhe Lothar Eiermann. Mit der Küchenmeisterprüfung schloss er seine Wanderjahre ab. Ulrike Reuter stammt aus Langen bei Frankfurt. Von ihrer Familie ist sie gastronomisch nicht vorbelastet: Ihr Vater war Tierarzt. Aber ihre Eltern gingen gerne gut essen – schon als Teenager genoss Ulrike die Sterneküche in den Schweizer Stuben. Sie lernte an der Hotelfachschule in Bad Reichenhall. Danach arbeitete sie als Empfangsdame bei ähnlich attraktiven Adressen wir ihr Mann: Hilton London Kensington, Paris, Alpenhof Murnau, Friedrichsruhe. 1982 lernten sich Wolfgang und Ulrike bei einer gemeinsamen Station kennen – 1989 heirateten sie in Baden-Baden. Nachdem ihre beiden Söhne Simon und Justus geboren wurden, wollte sich das gastronomische Paar selbstständig machen. Sie suchten ein bezahlbares Hotel mit Restaurant – konnten aber kein geeignetes Objekt finden. Dann wurde ihnen das Haus mit Gastwirtschaft in der Südpfalz angeboten. „Der Holzappel" war als Weinstube vorher 10 Jahre lang von einem Düsseldorfer Schreiner betrieben worden. Reuters kauften das Haus in einem renovierungsbedürftigen Zustand. In der Südpfalz gab es nicht so viele ansprechende Gastronomie – darin sahen Reuters ihre Chance. Es müsste doch funktionieren, dass die Pfälzer was anderes essen außer Pfälzer Gerichten. Von Anfang an wurden sie in dem kleinen Ort Oberhofen akzeptiert. In der Renovierungsphase waren die Nachbarn sehr hilfsbereit, leihten schon mal einen Anhänger aus. Mit Leidenschaft begannen der engagierte Koch und die Hotelfachfrau den Aufbau ihres Weinrestaurants. Für Ulrike Reuter war es zu Anfang eine Umstellung vom Empfang zum Service – aber sie gewöhnte sich schnell ein. Im zweiten Jahr im Holzappel begannen Reuters mit ihrer Feinschmecker-Offensive und boten Weinmenüs an: Fünf-Gänge-Menüs mit Winzern, die ihre Weine passend zu den Gerichten vorstellten. Winzervereinigungen wie die „5 Freunde" und die „Südpfalz Connection" zeigen ihre Weine im Holzappel, im Gegenzug kocht Wolfgang Reuter auf den Weingütern. Das Konzept des Holzappels ist eine ambitionierte Weinstube mit guter Küche – ohne Zwang. Man kann auch einfach nur einen Wein auf dem gemütlichen Sofa trinken – „nicht müssen – dürfen", heißt die Devise. In dem Fachwerkhaus zwischen den antiken Bauernmöbeln und blanken Holztischen fällt Entspannung nicht schwer. Die Möbel sind zusammengetragen – manche stammen vom Flohmarkt. Auf den Tischen liegen handgestickte Tischdecken – manche haben Stammgäste den Reuters geschenkt. An den weißen Wänden hängen großformatige Bilder von Peter Bieselt, der ist auch Gast im Holzappel. Vorsicht: Beim Gang durchs Haus muss man ab und an den Kopf einziehen – wegen der niedrigen Decken. Reuters haben viel Zeit und Kraft in den Umbau und die Renovierung des historischen Hauses gesteckt. Wolfgang Reuter liebt den Holzappel, hat viel Eigenleistung investiert. Ulrike Reuter engagiert sich auch künstlerisch: Sie spielt im Mundarttheater „Nonnensusel Theater e.V.". Sechsmal im Jahr spielt das halbe Dorf Freilichttheater auf dem Rathausplatz in Pleisweiler. „Ein Koch muss auch Künstler sein", sagt Wolfgang Reuter – deshalb spielt er gerne Klavier. Die schönsten Melodien des jovialen Kochs allerdings haben drei Gänge und werden im Holzappel serviert.

Seit über 10 Jahren in der Pfalz: Wolfgang und Ulrike Reuter.

Testnotizen

Ist es nun eine Weinstube oder ein Restaurant? Ich probiere es aus: Jakobsmuscheln auf mildem Curryrisotto mit grünem Spargel (10,50 Euro). Die Jakobsmuscheln hat Wolfgang Reuter leicht mehliert und angebraten – so bekommen sie Geschmack. Dazu empfiehlt mir Ulrike Reuter einen 2007er Weißburgunder vom Stiftsweingut Meyer (3,80 Euro). Die Aromen des Weines und der Vorspeise passen gut zusammen. Die Patronin kümmert sich persönlich um die Weinkarte, „alles gut vorgetrunken, was auf der Karte steht", versichert sie. Die Weine hat sie nach Rebsorten sortiert aufgelistet – die Auswahl zeigt ihren Sachverstand.

Zum Hauptgang stellt sie mir zwei Rotweine vom Weingut Friedrich Becker auf den Tisch: den einfachen 2006er Spätburgunder (4,60 Euro 0,25 l) und das herausragende Rotwein Cuvée Guillaume (Dornfelder, Schwarzriesling, Cabernet, 6,40 Euro). Dazu gibt es „Zweierlei vom Pfälzer Lamm in milder Knoblauchsauce, Speckböhnchen und gratinierte Kartoffeln" – der Gang besteht zu 100 % aus Pfälzer Produkten. Wolfgang Reuter kauft bei direktvermarktenden Betrieben, die sich unter dem Logo „Bad Bergzaberner LANDGUT!" zusammengeschlossen haben. Mir schmeckt die geschmorte Lammschulter, die milde Knoblauchsauce und die knackigen grünen Bohnen. Die Stammkarte ist überschaubar und bietet all das, was das Pfälzer Herz begehrt – mit der Tagesempfehlung tobt sich der Küchenchef aus. Das Dessert setzt noch mal einen Glanzpunkt: weißes und dunkles Toblerone-Mousse im hausgemachten Baumkuchenmantel mit marinierten Erdbeeren und Grand Marnier-Parfait (7,00 Euro). Dazu genieße ich eine super Scheurebe Spätlese 2007 vom Weingut Gies-Düppel (Flasche 20,00 Euro).

Ausflugtipp

Radfahren auf Wegen quer durch Weinberge, Wiesen und Felder, hin zu einem alten Gasthaus oder an ein stilles Bächlein – an der südlichen Weinstraße kein Problem. Das Radfahrnetz ist gut ausgebaut. Für Wanderer gibt es viele ansprechende Wege im Naturpark und Biosphärenreservat Pfälzerwald, einer der größten zusammenhängenden Waldlandschaften Europas. Die Region verspricht Erholung bei geruhsamen Spaziergängen zwischen Wald, Weinbergen und Touren von Burg zu Burg. Die Madenburg ist eine der größten Burganlangen in der Pfalz und wurde bereits im 11. Jahrhundert als Reichsburg gegründet. Nach umfangreichen Sanierungsmaßnahmen vermittelt die Madenburg heute wieder ein eindrucksvolles Bild ihrer früheren Pracht. Burg Landeck wurde um 1200 erbaut. Die Burg ist über eine ehemalige Zugbrücke erreichbar und bietet einen schönen Rundblick über Klingenmünster bis in die Rheinebene. Neben dem Besuch von Bad Bergzabern lohnt sich auch ein Ausflug über die Grenze nach Wissembourg in Frankreich.

Südliche Weinstraße e.V.
An der Kreuzmühle 2
76829 Landau
Tel.: 0 63 41 / 9 40-407
Fax: 0 63 41 / 9 40-502
info@suedlicheweinstrasse.de
www.suedlicheweinstrasse.de

Reuters Holzappel

Adresse

Reuters Holzappel
Wolfgang Reuter
Hauptstraße 11
76889 Pleisweiler-Oberhofen
Tel.: 0 63 43 / 42 45
Fax: 0 63 43 / 93 17 59
E-Mail: info@reuters-holzappel.de
www.reuters-holzappel.de

Anfahrt

A 65 Neustadt / Karlsruhe / Von Norden Ausfahrt Landau-Süd, von Süden Ausfahrt Kandel-Nord / B 38 weiter Richtung Bad Bergzabern, dann Richtung Klingenmünster / in Pleisweiler-Oberhofen Ortsteil Oberhofen

Preise

Vorspeisen: ab 3,80 €
Suppen: ab 3,80 €
Hauptspeisen: ab 7,70 €
Nachspeisen: ab 6,50 €
Menü: ab 21,00 €

Hotel

DZ ab 50 €
EZ 30 €
Insges. 2 Zimmer

Preise incl. Frühstück

Zahlungsmöglichkeit: EC

Plätze

Restaurant: 45 Plätze
Nebenzimmer 1. Stock: 25 Plätze
Innenhof: 35 Plätze

Öffnungszeiten

Tgl. ab 17 Uhr
So., Feiertag ab 12.30 – 14 Uhr / ab 17 Uhr
Mo. Ruhetag

Bewertung:

Für 4 Personen

Zutaten
Toblerone-Mousse:
1 Ei
2 EL Zucker
2 Blatt Gelantine (einweichen und gut ausdrücken)
130 g geschmolzene weiße (bzw. dunkle) Toblerone
1 Eiweiß
1 Teelöffel Limettensaft
200 g geschlagene Sahne
200 g Baumkuchen

Rezept für helles und dunkles Toblerone-Mousse im Baumkuchenmantel mit Joghurt-Limetteneis und Kirschragout

Das Ei, zwei Esslöffel Wasser und ein Esslöffel Zucker auf dem Wasserbad schaumig schlagen. Eiweiß mit dem restlichen Zucker steif schlagen, Limettensaft zufügen. Unter die Toblerone-Masse heben, danach die Sahne unterziehen. Klarsichtfolie locker auf eine Kasten- bzw. Terrinenform legen (die Folie stützt die Baumkuchenstreifen). Baumkuchen zuschneiden (sie sollen über die Formkante ragen), dann die Streifen längs nebeneinander in der Form anordnen, sodass sie ein Dreieck mit der Spitze nach unten bilden. Den Toblerone-Schaum einfüllen und die überlappenden Baumkuchenenden über der Füllung einschlagen. Ca. vier Stunden kalt stellen.

Joghurt-Limetteneis:
250 g Joghurt
125 g Puderzucker
4 EL Sahne
2 Limetten (Saft)
Schale von einer Limette abreiben

Zutaten gut mischen und in der Eismaschine cremig zubereiten, danach drei bis vier Stunden im Tiefkühlfach gefrieren.

Kirschragout:
60 g Zucker
4 EL Kirschsaft
4 EL roter Portwein
1 EL Zitronensaft
2 Zimtstangen
1 Vanillestange (nur das Mark)
100 g entsteinte Sauerkirschen
2 EL angerührte Speisestärke (kaltes Wasser)
Schale von einer Orange und einer Zitrone

Der Zucker wird hellbraun karamellisiert und dann mit dem Kirschsaft und dem Portwein abgelöscht. Die Orangen- und Zitronenschale hinzufügen. Zitronensaft, Zimt, Vanille und Kirschen zugeben und einmal aufkochen lassen. Anschließend mit der Stärke binden und abkühlen lassen. Wir machen unseren Baumkuchen selbst. Da man ihn aber schlecht in so kleinen Mengen machen kann, empfehlen wir den Kuchen bei einem guten Konditor zu kaufen.

Zum Lamm in Neupotz

Von Fischen und Lämmern

Neupotz ist ein Pfälzer Dorf wie aus dem Bilderbuch: Auf dem Dach der Kirche St. Bartholomäus versorgt ein Storchenpaar drei Junge – an der Hauptstraße mit vielen hübschen Fachwerkhäusern steht an einem Gasthaus ein mannsgroßes Schild mit einem lachenden Koch. Normalerweise meide ich Restaurants mit solchen Werbebotschaften – aber beim „Lamm" passt es und wirkt einladend. Auf der einen Seite serviert die Kochfigur aus Blech einen Braten, auf der anderen Seite einen Fisch: Beide Bilder sind Programm bei Küchenchef Manfred Kreger. Neupotz ist in der Region für gutes Fischessen bekannt – und mit Fleisch kennt sich der Koch ebenfalls besonders gut aus: Schließlich hat er zuerst Metzger gelernt. Danach ging er in die Bienwaldmühle an der elsässischen Grenze und absolvierte eine Kochlehre. In seinen Gesellenjahren sammelte er Erfahrungen bei namhaften Köchen und sogar bei der Bundeswehr: Der Südpfälzer kochte in Heidelberg für große Buffets – natürlich nur mit frischen Produkten. Seine Frau Ulrike aus dem Nachbarort Leimersheim lernte er 1984 bei einem Grillfest kennen – fünf Jahre später heirateten sie. Ein Jahr nach der Geburt der Tochter Sophia übernahmen sie 1993 den Landgasthof von seinen Eltern. Es ist ein echter Familienbetrieb geblieben – alle helfen mit: Manfred mit zwei Gesellen in der Küche, Ulrike im Service und ihre Mutter und seine Eltern springen immer da ein, wo gerade jemand gebraucht wird. Obwohl Ulrike Kreger in Speyer im Büro gearbeitet hat, fiel ihr der Einstieg in die Gastronomie leicht: ein Naturtalent. Am Gast arbeitet sie dezent und unaufdringlich – aber herzlich. Sie lacht auch gerne schon mal: „Wenn man mich nicht sieht, dann hört man mich", meint sie augenzwinkernd.

Kregers bewirtschaften das Gasthaus in der vierten Generation. Das rund einhundert Jahre alte Haus wurde schon als Gaststätte gebaut: Mit einem Saal im ersten Stock, der als Kino und

Der freundliche Koch serviert Fisch auf der Vorder- und Fleisch auf der Rückseite.

Tanzsaal genutzt wurde. Zusätzlich zur Gaststätte betrieb die Familie auch Landwirtschaft: Ackerbau, Schweine, Kühe, Tabak – die typische südpfälzer Mischung. In der Gaststube saßen die Bauern abends beim Karten spielen beisammen. Die Arbeit ging allerdings weiter: Neben den trinkenden und essenden Gästen wurden Weidenkörbe geflochten. Die alte Kirschbaum-Holzdecke in der Gaststube stammt noch aus dieser Zeit.

Der Rhein ist nicht weit: Lange Zeit gab es in der Region noch zwei Berufsfischer. Barsche und Rotaugen aus der Region wurden angeboten. Besonders Leimersheim ist für Fischfang bekannt. Aber weil es im Nachbarort mehr gastronomische Betriebe gibt, ist Neupotz berühmt für seine Fischgerichte. An Karfreitag ist der Ort traditionell zum Fischessen regelrecht überlaufen – man muss wochenlang vorbuchen. Der ruhige Manfred Kreger mit seinem dekorativen Dreiecksbärtchen über dem Kinn serviert gerne Zander in unterschiedlichen Variationen: mal in Rieslingsauce, mal mit Kartoffelschuppen gebraten. Seine Gäste kommen aus der ganzen Kurpfalz bis Karlsruhe. „Geschäftsesser" vom Mercedes-Werk in Wörth gehören genauso dazu wie einheimische Genießer – man schätzt die gute Qualität zu fairen Preisen. Kreger konzentriert sich in der Küche auf die wesentlichen Aromen – und auf die Produkte, die er verarbeitet. Er pflegt einen klassischen Stil – auch wenn er manchmal mit Aromen experimentiert. So zum Beispiel bei einem Schaumsüppchen von der Kokosnuss und grünem Curry oder bei Garnelentatar und Paprikaeis. Das Produkt als solches steht bei Kreger aber immer im Mittelpunkt – und dabei beweist er eine erstaunliche Kreativität und handwerkliche Sicherheit im Umgang mit Fleisch, Gemüse und dem Aufbau der Gerichte. Sie sind geschmacklich klar komponiert, warten immer mit einer kleinen Überraschung auf und sind ansprechend präsentiert. Kreger schaut über den eigenen Tellerrand hinaus, engagiert sich mit Kollegen in der „Kurpfälzer Landpartie". Auf der Karte finden sich viele Edel-Essige vom Doktorenhof – auch ein Mitglied der regionalen Gastronomenvereinigung. Der Küchenchef bietet sie als Aperitif an oder kocht mit ihnen. Manfred Kreger hört nicht auf zu lernen: Er besucht Kurse, um neue Idee aufzunehmen. In der Liga der frischen regionalen Küche in Landgasthöfen gehört der Koch aus Leidenschaft zur Spitzengruppe. Viel Freizeit bleibt dem Pfälzer bei seinem beruflichen Engagement nicht. Nur selten sieht man ihn bei schönem Wetter schon mal mit dem Motorrad durch die Rheinaue fahren. Seine wahre Erfüllung findet er am Herd – darüber freuen sich seine Gäste.

Manfred Kreger kocht ungewöhnlich kreative Regionalgerichte.

Testnotizen

Das ist ein Landgasthof – nicht mehr, aber auf gar keinen Fall weniger: Ich sitze in der gemütlichen, überschaubaren Gaststube inmitten von Kirschbaumholz, champagner-farbigen Tischdecken und pflaumenblauem Teppichboden. Manfred Kreger grüßt mich ausnahmsweise persönlich mit dem Amuse-Gueule: Pfifferlinge und Kalbsbries in der Milchhaut gebraten – Moment, das muss er mir erklären: Er hat die Haut von der Milch abgezogen und sie zum braten genutzt – ich bin beeindruckt. Zur Vorspeise gibt es eine warme Spargelsülze mit Jakobsmuscheln und Garnelen (11,50 Euro). Die Spargelsülze hat er dreimal kreisrund ausgestochen und darauf jeweils die Garnele, den Zander im Speckmantel und die Jakobsmuschel mit einem Deckel aus Strudelteig gesetzt, daneben ein schön arrangierter Salat, sogar mit violetten Kartoffelscheiben, angerichtet mit einer Maltesersauce mit Orangensaft. Die Vorspeise sieht toll aus und ist geschmacklich sensationell: Kregers Spiel mit den Aromen ist famos. Aus der umfangreichen Weinkarte mit vielen renommierten, aber auch unbekannten Pfälzer und internationalen Gewächsen wähle ich einen Sauvignon blanc 2007 trocken vom Weingut Hensel Bad Dürkheim (23 Euro pro Flasche). Zum Hauptgang gibt es natürlich Lammrücken im Brotmantel mit Ziegenkäse und provenzalischem Gemüse (21 Euro). Der regionale Ziegenkäse, das zarte Fleisch, das tolle Weißbrot, die knackigen Gnocchis – ich bin begeistert und kann den Genuss nur noch mit dem 2006er „Ursprung" Rotwein (5,70 – 0,25 l) vom Weingut Markus Schneider steigern. Restlos schwindlig gekocht hat mich Manfred Kreger dann mit seiner Dessertvariation (8,50 Euro): Passionsfruchtmousse, Rhabarber-Erdbeer Panna Cotta, Schokoladentropfen mit Amarettiniparfait – schön angerichtet und geschmacklich herausragend. Der Pfälzer Küchenperfektionist Manfred Kreger hat die volle Punktzahl für seine Küchenleistung verdient.

Ausflugtipp

„Vom Riesling zum Zander" heißt die Radwanderroute, die von der Deutschen Weinstraße bei Pleisweiler-Oberhofen bis zum Rhein bei Neupotz inmitten von Weinbergen, Obstbäumen, Feldern, Wiesen, den Rheinauen und durch romantische Dörfer mit historischen Fachwerkhäusern verläuft.
Neben gemütlichen Weinstuben und Gaststätten mit pfälzischen Spezialitäten bieten entlang der Strecke zahlreiche Direktvermarkter ihre Erzeugnisse an. Von Äpfeln bis zum Spargel, vom Riesling bis zum Zander und bis zu Zigarren aus pfälzischem Tabak reicht das Angebot.
Der fröhlich Riesling zechende Zander weist den Weg. Der Radweg endet am Rheinwanderweg „Rheinaue-Veloroute Rhein", wo Sie Anschluss nach Germersheim oder Wörth haben.
Die Strecke lässt sich aber auch gut abkürzen: In Winden, Steinweiler und Rheinzabern gibt es Bahnanschlüsse.
Die Schönheit der Auen kann man auch bei Kanu- und Nachenfahrten erleben. Auf markierten Wanderwegen entlang malerischer Altrheinarme lässt sich dieses Naturerlebnis ebenso genießen.

Südpfalz-Tourismus Landkreis Germersheim e.V.
Luitpoldplatz 1
76726 Germersheim
Tel.: 0 72 74 / 5 32 32
Fax: 0 72 74 / 5 31 52 32
suedpfalz-tourismus@kreis-germersheim.de
www.kreis-germersheim.de

Zum Lamm

Adresse

Gasthof Zum Lamm
Manfred Kreger
Hauptstraße 7
76777 Neupotz
Tel.: 0 72 72 / 28 09
Fax: 0 72 72 / 77 230
E-Mail: lamm-neupotz@t-online.de
www.gasthof-lamm-neupotz.de

Anfahrt

Von Norden A 61, über Speyer B 9 Ausfahrt Neupotz,
von Süden A 65 Richtung Landau, nach der Rheinbrücke B 9
Richtung Germersheim, Ausfahrt Neupotz

Preise

Vorspeisen: ab 6,50 €
Suppen: ab 3,40 €
Hauptspeisen: ab 14,00 €
Nachspeisen: ab 4,90 €
Menü: ab 29,50 €

Hotel

DZ ab 60 €
EZ 32 €
6 Zimmer

Preise incl. Frühstück

Zahlungsmöglichkeit: EC, keine Kreditkarten

Plätze

Restaurant: 40 Plätze
Nebenzimmer: 16 Plätze
Innenhof: 12 Plätze

Öffnungszeiten

Tgl. 11.30 – 14 Uhr
ab 17.30 Uhr
So., Feiertag nur mittags
Di. Ruhetag

Bewertung:

Zutaten und Zubereitung:
Saumagenscheiben liefern die Hülle für den Zander, der sich's mit Kartoffelwürfelchen in einem luftigen Biskuit gemütlich macht. Für die Zubereitung dieser Vorspeise oder dieses Zwischengerichts – bemessen für 4 Personen – ist etwas Basteltalent ganz nützlich.

Und so wird's gemacht...

1. 200 g Zanderfilet in 1 cm große Würfel schneiden und mit Salz und Zitrone würzen.

2. 1 kleine Kartoffel schälen, in kleine Würfel schneiden, im Salzwasser blanchieren und anschließend auf einem Tuch abtrocknen lassen.

3. Saumagen (beim Metzger Ihres Vertrauens gekauft oder selbst gemacht) in lange Scheiben schneiden (ca. 20 cm lang, 5 cm breit, 3 mm dick).

4. 4 Metallringe von ca. 7 cm Durchmesser und 5 cm Höhe mit Butter ausstreichen und mit den Saumagenstreifen auskleiden. (Wer solche Ringe nicht hat, kann auch Backförmchen benutzen, daraus die Saumagenscheiben so schneiden, dass sie gut in die Form passen. Wichtig ist nur: Die Scheiben müssen dünn sein.)

Zander-Kartoffel-Biskuit im Saumagenmantel

Für den Biskuit:

1. 1 Ei und 2 Eigelb mit 1 EL Wasser im Wasserbad schaumig aufschlagen.

2. 20 g Kartoffelmehl und 20 g Weizenmehl unterheben.

3. 10 g flüssige Butter dazugeben, mit Salz, Muskatnuss (gerieben) und frischem Majoran abschmecken.

4. 1 Eiweiß zu Schnee schlagen und zusammen mit dem Zanderfilet und den Kartoffelwürfeln unter die Biskuitmasse heben.

5. Die Saumagen-Förmchen oder -Ringe auf ein Backblech mit Backpapier stellen, mit dem Zander-Kartoffel-Biskuit füllen. In den vorgeheizten Backofen (170 Grad) stellen und 20 Minuten backen.

Den fertigen Zander-Kartoffel-Biskuit im Saumagenmantel mit einer Soße aus etwas Fischfond, Sahne und körnigem Pfälzer Senf anrichten.

Dazu passt Bohnengemüse.

Rezeptverzeichnis

Suppen

Wildsuppe „Landgasthaus Blücher" Seite 41

Vorspeisen

Eifeler Döppekoochen mit Trilogie von honigglasiertem
 Eifeler Ziegenkäse an feinem Salat mit Wildkräutern Seite 65

Hauptspeisen

Eifeler Rehkeule mit Pfeffer-Walnusskruste,
 dazu Waldpilzpolenta und Rosenkohlblätter Seite 17
Rosa gebratenes Entenbrüstchen an Holundersauce mit Schupfnudeln Seite 23
Westerwälder Zanderkrautwicke auf Leutesdorfer Rieslingsauce
 mit gebratenen Kartoffel-Blutwurstplätzchen Seite 29
Lammkarree mit frischen Kräutern, auf dem Buchenholzbrett gegart Seite 35
Alt Mayener Schiefersteak vom Weideochsen Seite 47
Eifeler Ochsen-Roulade gefüllt mit Wascheider Ziegen-Feta,
 Zwiebeln, Schinken und frischem Sauerkraut Seite 59
Schäferstündchen Seite 71
Rumpsteak mit Beurre aux fines herbes und „belgischen Fritten" Seite 77
Grillschinken mit warmem Kartoffelsalat und dicken Bohnen Seite 83
Dinkelspätzle mit Tomaten Mozzarella überbacken Seite 89
Spießbratenroulade im Teigmantel auf Ingwer-Spitzkohl und Rosmarinkartoffeln Seite 95
Flonheimer Rehbock mit Wirsing, Pfifferlingen und Schupfnudeln Seite 101
Tranchierte Rinderhüfte vom argentinischen Rind
 mit marinierten Gambas und Sauce béarnaise Seite 107
Seezungenroulade Seite 113
Zander-Kartoffel-Biskuit im Saumagenmantel Seite 131

Desserts

Mousse au Cocolat, hausgemachtes Espressoparfait und frische Erdbeeren — Seite 53
Pfälzer Beeren mit Gewürztraminer-Sabayone gratiniert und Weinbrand-Parfait — Seite 119
Rezept für helles und dunkles Toblerone-Mousse
  im Baumkuchenmantel mit Joghurt-Limetteneis und Kirschragout — Seite 125

Bildnachweis

Titel: Erich Czeschlik
Seite 7: Symbole Bewertungskriterien: SWR Roland Erbe
Seite 8: SWR
Seite 9: Konzept TV / Uta Kessler
Seite 12 / 13 / 15 / 21 / 24 / 25 / 31 / 33 / 35 / 36 / 37 / 42 / 43 / 44 / 45 / 46 / 48 / 49 / 51 / 53 / 54 / 55 / 57 / 63 / 66 / 67 / 69 / 75 / 77 / 78 / 79 / 80 / 81 / 83 / 84 oben / 85 oben / 87 / 90 oben links / 91 oben / 93 / 96 oben rechts, unten / 97 oben / 99 / 102 oben links, unten / 103 unten / 105 / 108 oben links, unten / 109 oben / 111 / 114 oben links, unten / 117 / 120 oben links / 121 oben / 123 / 126 unten / 127 unten / 128 / 129 Wolfgang Junglas
Seite 14 / 17 Prümer Gang
Seite 18 / 19 / 23 Familie Stähler
Seite 26 / 29 Familie Hilger
Seite 30 / 31 / 32 Erich Czeschlik
Seite 37 / 38 / 41 Familie Fetz
Seite 50 / Markus Schröder
Seite 54 oben rechts, 56 / 59 Werner Arens
Seite 60 / 61 / 62 / 65 Hubert Drayer
Seite 66 oben rechts / 67 oben / 68 / 71 Thomas Herrig
Seite 72 / 73 / 74 Harry De Schepper
Seite 84 unten / 85 unten / 86 / 89 Stephan Zilles
Seite 90 oben rechts, unten / 91 unten / 92 / 95 Familie Dickheiwer
Seite 96 oben links, 97 unten, 98, 101 Familie Espenschied
Seite 102 oben rechts / 103 oben / 104 / 107 Familie Arslan-Philippi
Seite 108 oben rechts, 109 unten, 110, 113 Christoph Rubel
Seite 114 oben rechts / 115 / 116 / 119 Familie Engel
Seite 120 oben rechts, unten / 121 unten / 122 / 125 Wolfgang und Ulrike Reuter
Seite 126 oben / 127 oben / Manfred Kreger
Seite 131 Armin Faber